Die Pfarrei St. Josef
Regensburg-Reinhausen

Herausgegeben vom
Bürgerverein „Roahausen e.V.“

Herausgeber:	Bürgerverein „Roahausen“ e.V.
Redaktion:	Alfred Hofmaier und Albert Galli
Gesamtherstellung:	Vormals Manzsche Buchdruckerei und Verlag, Regensburg
Titelbild:	Kirche St. Josef Reinhausen
Rückseite:	Kirche St. Nikolaus Reinhausen
	Schoß Weichs
	Original von Rupert D. Preißl
Fotos:	Alois Wagner, Leonhard Pillmeier, Albert Galli, Pfarrarchiv
Schutzgebühr:	4,- Euro
ISBN-Nr.	3-925346-39-2

Inhalt

Vorwort

Sehr geehrte Damen und Herren,
liebe Freunde von Reinhausen!

Das Gründungsdatum von Reinhausen geht auf eine Kaiserurkunde von Heinrich II. dem Heiligen, gegeben am 1. November 1007 in Frankfurt auf einem Reichstag, zurück.

In dieser Urkunde dotiert der Kaiser seine neue Stiftung, das Bistum Bamberg, mit dem Ort Pförring. In einem nicht mit Sicherheit echten Zusatz zur Urkunde vermacht er u.a. auch zwei Herdstätten bei der Brunnleiten und zwei bei Reginhusen seinem Stift zum Geschenk.

Am 1. August 2006 hat sich im Blick auf die 1000-Jahrfeier der Bürgerverein „Roahausen" gegründet, um die Geschichte zu pflegen und die Gegenwart zu begleiten. Eine vornehme Aufgabe ist es dabei, weltliche und kirchliche Gegebenheiten und Ereignisse darzustellen. Die Grundsteinlegung für die prächtige Pfarrkirche St. Josef im Jahre 1906 ist so ein wichtiger Meilenstein. Sie ist Veranlassung, die letzten 100 Jahre aus der Sicht der Kirche in das Bewusstsein der Bürgerschaft zu rücken.

Im Rahmen der beabsichtigten Schriftenreihe des Bürgervereins befasst sich die Broschüre Nummer 1 mit dem verdienstvollen sozialen und gesellschaftspolitischen Wirken der Pfarrgemeinde mit Blick auf ihre Priester, Seelsorger und Mitarbeiter im pastoralen Dienst.

Die Pfarrei St. Josef Regensburg-Reinhausen hat stets die Sorge um den Menschen sehr ernst genommen und in den Mittelpunkt der Seelsorge gestellt. Noch bevor die Kirche gebaut wurde, ist zur Behebung einer heute unvorstellbaren Not das Kinderheim St. Anna entstanden. Die Anfänge gehen auf das Jahr 1883 zurück. Seit 1909 war an der heutigen Wieshuberstraße das Kinderheim eine segensreiche Einrichtung. Dies gilt auch für die Errichtung von Kindergärten und des Kinderhorts oder der Installation einer Ambulanten Krankenpflege. Auch das Pfarrheim war und ist offen für die Begegnung der Jugend und der Bürgerschaft. In Reinhausen ist die Kirche im Dorf geblieben. Diesem Anspruch kann man nur beipflichten. Die Stadtpfarrkirche St. Josef selbst wird hier nicht beschrieben. Es wird auf den vorliegenden Kirchenführer, der unter der Regie des früheren Kirchenpflegers Alfred Weigert 1988 aufgelegt wurde, verwiesen.

Wir danken ungenannten Spendern, die maßgeblich die Broschüre mitfinanziert haben, und den ehrenamtlichen Mitarbeitern bei der Erstellung der Schrift. Der Wunsch des Bürgervereins „Roahausen" ist es, dass möglichst viele Leser ein wichtiges Stück unserer Heimatgeschichte erfahren.

Reinhausen, 18. März 2007
Bürgerverein „Roahausen e.V."

Alfred Hofmaier
2. Vorsitzender

Albert Galli
Chronist

St. Nikola, die Flößerkirche am Regen.
Original von Sepp Hetzenecker

Alfred Hofmaier

Zeittafel zum Bau der Pfarrkirche St. Josef Reinhausen

Die Gemeindegebiete von Reinhausen und Weichs gehörten bis zum Beginn des 20. Jahrhunderts zur Pfarrei Sallern. Die aus dem 12. Jahrhundert stammende Kirche St. Nikolaus diente als Gotteshaus. Die rasante Zunahme der Bevölkerung - um 1883 zählte Reinhausen bereits über 3.000 Einwohner - machte den Neubau einer stattlichen Pfarrkirche notwendig. Dazu die Zeittafel, die zum Bau der Pfarrkirche St. Josef und zur Errichtung der Pfarrei führte:

04.12.1898	Gründung des Kirchbauvereins Reinhausen
04.05.1899	Pfarrer Michael Wieshuber übernimmt die Pfarrei Sallern und widmet sich als Dekan mit großer Energie dem Vorhaben eines Kirchenneubaus in Reinhausen
16.05.1906	Erster Spatenstich für die Kirche St. Josef, die nach den Plänen von Architekt Heinrich Hauberrisser errichtet wird
29.07.1906	Feierliche Grundsteinlegung durch Generalvikar Dr. Franz Xaver Leitner
20.12.1906	Richtfest für das mächtige Bauwerk (Länge insgesamt 60 m, 14,5 m Höhe (Kuppelbau 18,5 m Höhe) und 17,5 m Breite im Längsschiff, in der Vierung 28 m, Turmhöhe insgesamt 57 m)
21.10.1907	Kirchweihfest mit Einzug von fünf Glocken und erster Gottesdienst in der im Rohbau fertiggestellten Kirche
19.03.1908	Feierliche Benediktion der Kirche St. Josef zu Reinhausen
29.05.1910	Der Hochaltar, gestiftet von S.D. Fürst Albert von Thurn und Taxis, mit einer imposanten Höhe von 14 m, wird eingeweiht
11.08.1912	Diözesanbischof Antonius von Henle vollzieht die feierliche Konsekration der Kirche St. Josef
18.11.1913	Errichtung der Pfarrei St. Josef in Reinhausen nach kanonischem Recht.

Leider konnte der Kirchenerbauer, Dekan und Geistlicher Rat Michael Wieshuber diesen großen Tag in der Geschichte von Reinhausen nicht mehr erleben, da er am 14. Mai 1913, erst 52-jährig, an den Folgen eines Schlaganfalls starb. Die Kirche St. Josef ist die prächtigste als Pfarrkirche errichtete Kirche von Regensburg und ist und bleibt Mittelpunkt im „Dorf“ Reinhausen. Die sich unmittelbar an die Kirche anschließenden sozialen kirchlichen Einrichtungen, wie das frühere Kinderheim St. Anna (heute Förderzentrum der Kath. Jugendfürsorge für Kinder), die

Sozialstation der Ambulanten Krankenpflege, der Kindergarten und der Kinderhort sind mit dem neu erbauten Pfarrzentrum ein Beispiel dafür, dass die Pfarrgemeinde St. Josef, mit Stadtpfarrer Johannes Fröhler und der Kirchenverwaltung mit Alois Wagner an der Spitze, sich den notwendigen Aufgaben unserer Tage stellt. Die Kirche ist engagierter Wegbegleiter der Bürgerschaft von Reinhausen und Weichs und darüber hinaus. Die nachstehende Ausarbeitung von Prälat Dr. Josef Ammer, dem bischöflichen Offizial, wofür der Bürgerverein „Roahausen e.V." ein herzliches Vergelt`s Gott sagt, gibt einen fundierten Überblick über die geistlichen und weltlichen Mitarbeiter der Pfarrei in der 100-jährigen Geschichte von St. Josef zu Regensburg-Reinhausen.

Offizial Prälat Dr. Josef Ammer

Die Pfarrei Regensburg-St. Josef zu Reinhausen und ihre Seelsorger

Die Anfänge der Seelsorge in Reinhausen bis zur Errichtung der Expositur und Pfarrei Reinhausen-St. Josef[1]

Bereits in der Matrikel des Bistums Regensburg von 1665, die der Erzdechant Gedeon Forster verfasste, wird bei der unter dem Patronat des Regensburger Domkapitels stehenden Pfarrei Sallern die „Filialis S. Nicolai zue Rainhausen im Landtgericht zue Statt am Hof" mit einem beschädigten Altar erwähnt[2]; in der Gesamtpfarrei sind 700 Kommunikanten. Auffällig ist, dass der Ertrag („census") der Mutterpfarrei Sallern nur 50 Gulden, jener der Filiale Kareth („Filialis St. Elisabethae zu Khärret") 200 Gulden und jener von Rainhausen 300 Gulden ausmacht. Als die Pfarrei Sallern 1228 dem Domkapitel inkorporiert wurde, werden als zugehörige Dörfer folgende genannt: Wintzer, Reinhusen, Gailnkofen, Haselbach, Wichse, Utzenhofen, Chärrin, Rehtal. Der Umfang der Pfarrei Sallern änderte sich erstmals mit der Abtrennung von Winzer – schon um 1600 mit der Spitalpfarrei St. Katharina vereinigt – und schließlich Reinhausen (1913).[3]

In der Diözesanmatrikel von 1863[4] erscheinen unter der Pfarrei Sallern im Dekanat

---

1 In der Diözesanmatrikel 1997 (Matrikel des Bistums Regensburg, hsg. im Auftrag des Hochwürdigsten Herrn Diözesanbischofs Manfred Müller vom Bischöflichen Ordinariat Regensburg, Regensburg 1997) erscheinen unter Regensburg-Reinhausen die Pfarreien St. Josef und Hl. Geist. Es soll hier aber nur die Pfarrei St. Josef, die Mutterpfarrei von Hl. Geist – und zum Teil auch von St. Konrad – betrachtet werden, und zwar hauptsächlich auf der Grundlage der Amtsblätter des Bistums (Oberhirtliches Verordnungsblatt für das Bisthum Regensburg 1854-1931, abgek. OVBl., und seit 1932 Amtsblatt für die Diözese Regensburg, abgek. ABl.). Die Pfarrei Hl. Geist wurde 1971 aus Teilen von Reinhausen-St. Josef und von Schwabelweis und St. Konrad errichtet. Dabei war St. Konrad selbst als frühere Expositur von Reinhausen-St. Josef erst 1953 als Pfarrei aus der Konradsiedlung (vormals: „Dr. Schottenheim-Siedlung") und Brandlberg als Teilen der Pfarrei Reinhausen-St. Josef (beide jedoch erst 1937 aus der Pfarrei Schwabelweis nach Reinhausen umgepfarrt) und teilweise Wutzlhofen (zu Sallern gehörig) errichtet worden.

2 „Des Erzdechanten Gedeon Forster Matrikel des Bistums Regensburg vom Jahre 1665", hsg. von Manfred Heim, Regensburg 1990 (= Beiträge zur Geschichte des Bistums Regensburg, Beiband 3), 18.

3 Matrikel des Bisthums Regensburg. Nach der allgemeinen Pfarr- und Kirchenbeschreibung von 1860 mit Rücksicht auf die älteren Bisthums-Matrikeln zusammengestellt. Regensburg 1863, 49 und 89.

4 Matrikel des Bisthums Regensburg. Nach der allgemeinen Pfarr- und Kirchenbeschreibung von 1860 mit Rücksicht auf die älteren Bisthums-Matrikeln zusammengestellt. Regensburg 1863, hier: 332.

Regensburg, die 3677 Seelen in 356 Häusern zählt, u.a. die Dörfer Rainhausen[5] (mit Schule; 1309 Seelen in 109 Häusern), Weichs (765 Seelen in 112 Häusern) und Holzgarten (223 Seelen in 32 Häusern). Daneben gibt es 7 Protestanten und in einem Haus 6 Juden. In Rainhausen befindet sich die konsekrierte Filialkirche zum hl. Nikolaus, die am Sonntag nach Mariä Geburt Kirchweih feiert. Laut Matrikel sind die gottesdienstlichen Verhältnisse in Rainhausen und in der Filialkirche Kareth[6] zum damaligen Zeitpunkt noch nicht alle rechtlich geordnet.

Aus Anlass der Feier des 900. Todestages des Diözesanpatrons, des Hl. Wolfgang, am 31.Oktober 1894 beabsichtigte Bischof von Senestrey, „das bevorstehende Jubiläum u. A. dadurch zu verewigen, daß im kommenden Jahre die öffentliche immerwährende Anbetung des Allerheiligsten im Bisthume nach dem bereits lange gehegten Wunsche und Plane begonnen und durchgeführt wird“ (OVBl. 1893, Beilage III, 1). In dem 1893 ausgearbeiteten Entwurf war das Dekanat Regensburg, dem die Pfarrei Sallern angehört, gleich im Januar im Anschluss an die Domkirche (1. Januar) vorgesehen (ebd., 4), wobei in Sallern am Vormittag des 5., in Lappersdorf mit Kareth am Nachmittag des 5. und in Rainhausen (sic!) ganztägig am 6. Januar Anbetung sein sollte. In der definitiven Regelung (OVBl. 1894, Beilage IV) ist die Ewige Anbetung für Rainhausen dann nur auf den Nachmittag des 6. Januar festgelegt (ebd., 3). Dass Reinhausen, obwohl nach wie vor Teil der Pfarrei Sallern, hier bereits einen eigenen Termin erhielt, zeigt die enorme Bevölkerungszunahme in diesem Teil der Pfarrei. Innerhalb 30 Jahren wuchs die Seelenzahl in Reinhausen um das Dreifache auf über 4000 Seelen, so dass Ende des 19. Jahrhunderts hinsichtlich der seelsorglichen Betreuung dieses Dorfes dringender Handlungsbedarf entstand.

---

5 K. Bauer (Regensburg, Kunst-, Kultur- und Alltagsgeschichte, Regensburg, 5. Aufl. 1997, 677-678) weist darauf hin, dass sich die in der Urkunde von 1007, die den Anlass zur 1000-Jahrfeier im Jahr 2007 gibt, erstmals genannte Ortsbezeichnung „Reginhusen“ (Häuser am Regen) im 19. Jahrhundert zu „Rainhausen“ entwickelt hatte. 1885 habe die Gemeinde beim bayerischen Innenministrium die Schreibweise „Reinhausen“, da von der Lage am Regen abgeleitet und somit zutreffender, beantragt. Dies sei im Jahre 1887 gewährt worden. In kirchlichen Verlautbarungen wie im Plan für die Ewige Anbetung taucht noch 1893/94 „Rainhausen“ auf.

6 Die Amtsblätter des Bistums (Oberhirtliches Verordnungsblatt für das Bisthum Regensburg 1854-1931, abgek. OVBl., und seit 1932 Amtsblatt für die Diözese Regensburg, abgek. ABl.) enthalten immer wieder Auflistungen von Spendensammlungen. So erscheint im Verzeichnis der für die Errichtung des Seminars Metten gespendeten milden Gaben im Jahr 1857 auch die Pfarrei Sallern mit den Filialen Rainhausen und Kareth; es wurden dort 10 Gulden 3 Kreuzer gesammelt (OVBl. 1857, 8), im Jahr 1858 nichts (OVBl. 1858, 38). Für den Kindheit-Jesu-Verein kamen in der Pfarrei Sallern 1857 31 Gulden zusammen (OVBl. 1858, 27). Für den Ausbau der Domtürme spendete die Pfarrei Sallern 1859 63 fl., 1860 30 fl. 8 Kr., 1861 28 fl. 27 kr. und 1862 31 fl. 25 kr., also insgesamt 153 Gulden (OVBl. 1863 Anhang, 9).

Am 4. Juli 1898 wird Coop. Anton Richtmann (* 1.Sept. 1870 in Schwarzenbach; Priesterweihe 7. Juni 1896) in Bruck als I. Coop. nach Sallern angewiesen (OVBl. 1898, 61). Am 21. Aug. 1898 wird Richtmann dort Pfarrprovisor (OVBl. 1898, 90), da Pfarrer Wolfbauer (* 24. Aug. 1849 in Dingolfing; Priesterweihe 18. Juni 1876) von Sallern die Pfarrei Egglkofen übernimmt (ebd., 89); Wolfbauer ist nur 53-jährig am 20. Juni 1903 als freiresignierter Pfarrer von Egglkofen und Kommorant in Dingolfing verstorben (OVBl. 1903, 56). Richtmann erhält Unterstützung durch Coop. Rupert Beck (* 7. Dez. 1873 in Schierling; Priesterweihe 20. Juni 1897), der aus Eilsbrunn nach Sallern versetzt wird (ebd., 90). Erst am 3. Mai 1899 wird der vom Prinzregenten präsentierte Pfarrer von Weidenthal, Michael Wieshuber (* 19. Dez. 1861 in Mamming; Priesterweihe 3. Juli 1887), in der Pfarrei Sallern kanonisch instituiert (OVBl. 1899, 55 und 72). Richtmann wird nun Expositus, d.h. exponierter Cooperator, in Reinhausen, während Rupert Beck als Coop. in Sallern verbleibt.

Erbauer der Kirche St. Josef Reinhausen
Baubeginn im Jahr 1906

Unterm 30.12.1899 berichtet das Oberhirtliche Verordnungsblatt über eine „Kirchenkollekte zur Erbauung einer katholischen (Pfarr-)Kirche in Reinhausen: „In Reinhausen (mit Weichs), Pfarrei Sallern, ist jetzt die Seelenzahl auf 4559[7] angewachsen. Die bisherige Kirche (mehr Kapelle) des heil. Nikolaus ist, wie bekannt, nicht im Stande,

7 1910 betrug die Seelenzahl Reinhausens laut Schematismus bereits 5980, im Jahr der Pfarreierrichtung 1913 6207, 1915 6392, trotz der Verluste des 1. Weltkriegs 1921 bereits wieder 6300 und 1925 6780. Im Jahre 1930 betrug die Zahl der Katholiken 6918, 1933 7050 und 1935 7171. Nach Bildung der Pfarrkuratie St. Konrad (zum 1. Jan. 1940) in der Schottenheimsiedlung – zuvor war St. Konrad exponierte Kooperatur von Reinhausen – gehörten 1940 7940 „Seelen" zu Reinhausen und 2860 zur Pfarrkuratie St. Konrad, im Jahre 1946 8300 zu Reinhausen und 4100 zur Kuratie St. Konrad, 1950 9100 zu Reinhausen und 5003 zu St. Konrad. Im Jahr 1955 hatte die Pfarrei Reinhausen 9530 Gemeindemitglieder, die am 1. Jan. 1953 zur Pfarrei erhobene Kuratie St. Konrad hingegen 5516. Im Jahr 1960 stieg die Katholikenzahl Reinhausens auf 10200, 1966 auf 12000 und 1970 auf 14100 bei 2100 Nichtkatholiken. Nach Bildung der Pfarrei Hl. Geist hatte Reinhausen im Jahr 1975 8608 Katholiken und 1202 Nichtkatholiken, Hl. Geist 5200 Katholiken und 1200 Nichtkatholiken. 1979 hat Reinhausen 8052 Katholiken und 1100 Nichtkatholiken, 1985 6681 K. und 1000 N., 1989 6193 K. und 1000 N., 1994 6005 K. und 480 N., 2000 5452 K. und 397 N., 2006 4727 K, 479 N.

auch nur die Hälfte der Schulkinder zu fassen. Zur Aufbringung der Mittel für den mehr als irgendwo nöthigen Bau einer geräumigen Kirche geschieht unter Zusammenwirkung aller Behörden und Betheiligten das Mögliche; insbesondere wurde auch die Veranstaltung einer Kollekte in sämmtlichen katholischen Kirchen des Regierungsbezirkes Oberpfalz und von Regensburg während der Monate Januar und Februar 1900 bewilliget. (Termin zur Einsendung der Sammelgelder: 15. März.) Selbstverständlich empfehlen Wir dieselbe Priestern und Gläubigen auf das Wärmste, da Uns Alles daran liegt, in Reinhausen, wohin nun bereits ein Seelsorger exponirt werden konnte, bald auch eine entsprechende Kirche erstehen zu sehen. Regensburg, den 30. Dezember 1899, Dr. Frz.X. Leitner, General-Vicar. Braun, Sekretär" (OVBl. 1899, 158).

Zum 30. Apr. 1900 wird Pfarrprov. Jakob Wagner (* 31. März 1871 in Haibach; Priesterweihe 16. Juni 1895) in Jachenhausen (seit 24. Jan. 1900, OVBl. 1900, 12), zurzeit in Geisenfeld, als Coop.-Exp. nach Reinhausen angewiesen, während der 1899 nach Reinhausen exponierte Coop. Anton Richtmann als Benefiziumsprovisor nach Wolfsbach geht (OVBl. 1900, 66); Richtmann ist am 11. Sept. 1944 als frr. Pfarrer von Ursulapoppenricht, zuletzt Benefiziumsprovisor in Wiesau verstorben (ABl. 1944, 80).
Am 23. Juli 1902 erhält Coop.-Exp. Jakob Wagner in Regensburg-Reinhausen Anweisung als Provisor der Stadtpfarrpredigerstelle in Straubing-St. Jakob (OVBl. 1902, 104); Wagner mit dem Beinamen „Goschn-Jackl", später Mitglied der Kammer der Abgeordneten, wird am 29. Jan. 1913 Stadtpfarrer von Amberg-St. Martin (OVBl. 1913, 22-23), am 24. August 1929 verleiht ihm der Bischof die Pfarrei Stadtamhof (OVBl. 1929, 107). Zum 1. Juli 1935 wird BGR Wagner Kanonikus an der Alten Kapelle (ABl. 1935, 46) und verstirbt im Alter von 67 Jahren 9 Monaten am 29. Okt. 1938 (ABl. 1938, 81; dort fälschlich 30. Oktober als Sterbetag). Zum 2. Aug. 1902 wird Coop. Rupert Beck in Sallern neuer Expositus in Reinhausen, während Coop. Joseph Kärntner (* 7. Apr. 1876 in Döfering; Priesterweihe 10. Juni 1900) in Wallersdorf nach Sallern kommt (OVBl. 1902, 131).

Im Jahre 1903 erfolgt ein erneuter Aufruf sogar zu einer Landeskollekte für Reinhausen im königlichen Bezirksamt Stadtamhof: „Für den Neubau einer kathol. Kirche in Reinhausen, K. B.-A. Stadtamhof, ist eine Kollekte in sämtlichen kathol. Kirchen des Königreichs landesherrlich bewilligt worden. Die Sammlung ist ohne Verzug abzuhalten und das Ergebnis rechtzeitig an die einschlägigen Stellen abzuliefern. Der Kirchenbau in Reinhausen ist, wie Wir schon einmal zu betonen Gelegenheit hatten, in der That ein dringendes Bedürfnis. Das jetzt vorhandene Kirchlein vermag kaum *300* Personen zu fassen, während die Seelenzahl der zugehörigen großen Dörfer Reinhausen und / Weichs z. Z. mehr als *5000* beträgt und in ständigem Wachstum begriffen ist. Dazu kommt, daß sich die Bevölkerung fast durchweg aus Fabrikarbeitern rekrutiert, deren Leistungsfähigkeit durch Beiträge zur Errichtung einer Seelsorgsstelle erschöpft ist. In Anbetracht dieser Notlage beauftragen Wir die H.H. Seelsorgepriester in den Kreisen

Kärntner
Beck
Wagner
Wimmer
Richtmann
Silbernes Priester-Jubiläum
des
Hochw. Dechant M. Wieshuber
Reinhausen
30. Juni 1912.

Dezember 1906 Richtfest.

Ober- und Niederbayern, sowie Oberfranken, soweit sie Unserer Diöcese zugehören, beim öffentlichen Gottesdienste diese Kollekte den Gläubigen in recht warmen Worten eindringlichst zu empfehlen. Noch sei bemerkt, daß die Kollekte im Regierungsbezirke der Oberpfalz und von Regensburg bereits im Jahre 1900 vorgenommen worden ist. Regensburg, den 28. Juni 1903. Dr. Frz. X. Leitner, General-Vikar. Braun, Sekretär" (OVBl. 1903, 51-52).

Im Jahre 1904[8] wird mit Planung und Bau der neubarocken Josephs-Kirche in Reinhausen unter Architekt Heinrich Hauberrisser[9] begonnen. Am 11. Aug. 1912 konse-

8 Nach B. Angerer erfolgte der Bau der Kirche in den Jahren 1904-1908 (B. Angerer, Kunst im 19. Jahrhundert, in: P. Schmid (Hsg.), Geschichte der Stadt Regensburg, Regensburg 2000, Bd. 2, 1191-1203, hier: 1200f.); diese wurde mit Hilfe des Bildhauers Georg Schreiner und der Glasfabrik Schneider ausgestattet (ebd., 1200). K. Bauer (Regensburg, Kunst-, Kultur- und Alltagsgeschichte, Regensburg, 5. Aufl. 1997, 682) nennt als Baubeginn das Jahr 1906, die Diözesanmatrikel 1997 (s.u.) nennt als Bauzeit die Jahre 1906-1912.

9 Heinrich Hauberrisser, Sohn des Georg Ritter von Hauberrisser, des Erbauers des Münchener Rathauses, wurde am 27. Juni 1872 in München geboren, war gelernter Ingenieur, kam aber durch seinen Vater mit der Architektur in Verbindung. Er liebte das Barocke und den Jugendstil. Kurz nach 1900 übersiedelte er nach Regensburg und erhielt hier viele Aufträge seitens der Diözese (B. Angerer: „der bevorzugte Architekt der katholischen Kirche"). U.a. baute er die neubarocke Kirche in Reinhausen. Hauberrisser starb am 7. Juli

kriert Bischof Antonius von Henle (* 22. Mai 1851, 1901-1906 Bischof von Passau, seit 18. Okt. 1906 Bischof von Regensburg) in Reinhausen, Pfarrei Sallern, die Expositurkirche Reinhausen mit drei Altären (OVBl. 1912, 105).

Seit 15. Juli 1904 lebt Joseph Tretter (* 28. Mai 1854 in Thonheim, Pf. Ensdorf; Priesterweihe 6. Juli 1879), zuletzt Pfarrer in Sollern (1898-1904) als Kommorant in Hemau (OVBl. 1904, 122), später in Reinhausen; Tretter verstirbt am 14. Mai 1921 als Benefiziat in Niederleyerndorf, wo er seit 12. Juli 1916 (OVBl. 1916, 112) tätig war (OVBl. 1921, 120).

7. Februar 1910: Joseph und Maria Liebl werden als erstes Brautpaar in der neuen Pfarrkirche getraut.

Am 22. Sept. 1905 wird Expositus Rupert Beck als Pfarrprovisor nach Pfreimd angewiesen, während am 28. Sept. 1905 Coop. Joseph Kärntner von Sallern als Expositus nach Reinhausen kommt (OVBl. 1905, 74). Beck ist am 21. Juli 1940 als frr. Dechant und Pfarrer von Pemfling und Kommorant in Metting, Pf. Leiblfing verstorben (ABl. 1940, 65). Kärntner wird am 30. Sept. 1910 Expositus in Bodenkirchen (OVBl. 1910, 122); er ist am 1. Mai 1950 als frr. Pfarrer von Hohenthann/Opf. in Amberg verstorben (ABl. 1950, 50). Koop. Joseph Wimmer (* 16. Juli 1878 in Westerndorf, Pf. Ettling, Diöz. Passau); Priesterweihe 24. Mai 1903) wird am 13. Okt. 1910 aus Amberg-St. Martin nach Reinhausen als neuer Expositus versetzt (OVBl. 1910, 132). Unmittelbar nach seiner Priesterweihe war der Neomyst (Neupriester) Joseph Wimmer in Loiching als IV. Kooperator nach Amberg angewiesen worden (OVBl. 1903, 56).

1945 und wurde auf dem Oberen katholischen Friedhof bestattet (vgl. K. Bauer, Regensburg, Kunst-, Kultur- und Alltagsgeschichte, Regensburg, 5. Aufl. 1997, 66-67).

Ab 18. Febr. 1913 wird mit Alois Wild (* 18. Mai 1883 in Furth im Wald; Priesterweihe 29. Juni 1908) erstmals ein (2.) Kooperator nach Reinhausen angewiesen (OVBl. 1913, 35).

Am 14. Mai 1913 verstirbt BGR Michael Wieshuber[10], Pfarrer und Dechant in Sallern mit nur 51 Jahren 5 Monaten (OVBl. 1913, 100). Joseph Wimmer, exp. Koop. in Reinhausen wird Pfarrprovisor von Sallern (OVBl. 1913, 191), bis dort am 20. Aug. 1913 Joseph Lang (* 28. Jan. 1870 in Laberweinting; Priesterweihe 7. Juni 1896), zuvor Pfarrer und Dechant in Pullenreuth, als neuer Pfarrer investiert wird (OVBl. 1913, 131); Lang resigniert am 16. Okt. 1938 auf die Pfarrei Sallern, bleibt noch bis 1. Dez. 1938 Provisor, vom 1. Febr. 1938 bis 31. Juli 1943 ist er Verweser der Kaplansstelle am Fürstl. Thurn- und Taxis'schen Hof, wird am 18. Aug. 1943 als Kanonikus von Regensburg-St. Johann aufgeschworen und verstirbt als solcher am 8. Juni 1955 (ABl. 1955, 54).

Nun erfolgt im Jahre 1913 staatlicherseits die Errichtung der Kirchenstiftung St. Joseph Reinhausen (OVBl. 1913, 143): „Seine Königliche Hoheit Prinz Ludwig des Königreichs Bayern Verweser, haben sich allergnädigst bewogen gefunden, zur Entstehung der von der katholischen Filialkirchenverwaltung Reinhausen, K. B.-A. Stadtamhof, errichteten und mit der neuerbauten St. Josephskirche in Reinhausen nebst Kirchplatz, Pl.-Nr. 449 a, Steuergemeinde Reinhausen und Inventar im Gesamtwert von 220 000 M. ausgestatteten, zur Befriedigung der Kultusbedürfnisse der katholischen Filialkirchengemeinde Reinhausen bestimmten ‚katholischen Kirchenstiftung St. Joseph' in Reinhausen die staatliche Genehmigung zu erteilen".

Und schließlich ergeht ein Königliches Dekret zur Errichtung der Pfarrei Reinhausen (OVBl. 1913, 144-145):

„Im Namen Seiner Majestät des Königs,
Ludwig
von Gottes Gnaden Königlicher Prinz von Bayern
Regent.

Wir finden Uns allergnädigst bewogen, die Errichtung einer katholischen Pfarrei in Reinhausen, Bezirksamts Stadtamhof, unter den nachstehenden Bestimmungen zu genehmigen.

1.

Der Filialbezirk Reinhausen, bestehend aus den Gemeinden Reinhausen und Weichs, wird aus dem Verband mit der katholischen Pfarrei Sallern gelöst und zur selb-

10 An Pfarrer Wieshuber erinnert in Reinhausen die Wieshuberstraße; eine ebenfalls geplante Wimmerstraße zur Erinnerung an den ersten Reinhausener Pfarrer wurde dagegen bis heute nicht benannt.

ständigen Pfarrei mit dem Sitze in Reinhausen erhoben.

2.

Das Einkommen der Pfarrei Reinhausen besteht aus den 3 ½ %igen Zinsen der bisherigen Expositurstiftung im Betrag von 50622 M. 85 Pf.

zu jährlich	1771,80 M.
aus dem Ertrage der Realitäten im jährlichen Anschlage von	120,00 M.
aus den Einnahmen für besonders bezahlte dienstliche Verrichtungen zu jährlich	1418,66 M.
aus einem für das Kooperatoreneinkommen bewilligten Staatzuschuß von jährlich	1500,00 M.
Nach Abzug der Lasten mit jährlich	1864,76 M.
wird das Reineinkommen der neuen Pfarrei vorbehaltlich der endgültigen Fassionsfestsetzung veranschlagt auf	2945,70 M.

3.

Als Pfarrkirche dient die im Eigentum der Kirchenstiftung St. Joseph Reinhausen befindliche neuerbaute Kirche in Reinhausen.

Als Pfarrhaus dient das Anwesen Nr. 187 in Reinhausen mit Keller, Waschhaus, Hofraum und Sakristeigang zu 0,275 ha.

Das Pfarranwesen, die bisher der Expositurstiftung gehörigen, für die Pfarreierrichtung bestimmten Dotationskapitalien nebst dem Pfarrhofbaufonds von 1560 M. haben in das Eigentum der hiermit staatlich genehmigten Pfarrpfründestiftung Reinhausen überzugehen. Die Verwaltung des Pfründevermögens nach den hierüber geltenden Bestimmungen kommt dem jeweiligen Pfründebesitzer zu.

4.

Die Baupflicht an Kirche und Pfarrhaus bemißt sich nach den hierüber gefaßten und staatsaufsichtlich genehmigten Beschlüssen der Kirchenverwaltung und Kirchengemeindebevollmächtigten in Reinhausen vom 17. und 19. Juni 1913. Dem Pfründebesitzer kommt hiernach nur die Erfüllung der sogenannten Mietmannspflichten nach Maßgabe der für die Nutznießer von Staatsgebäuden bestehenden jeweiligen Bestimmungen zu.

5.

Bei der Besetzung der Pfarrei Reinhausen wechselt das im ersten Erledigungsfalle eintretende Landesherrliche Besetzungsrecht mit dem freien Kollationsrechte des Bischofs von Regensburg.

Hiernach hat die Regierung, Kammer des Innern, das Weitere zu verfügen und Abschriften des Stiftungsbriefes und der oberhirtlichen Konfirmationsurkunde dem Staatsministerium des Innern für Kirchen- und Schulangelegenheiten einzusenden.

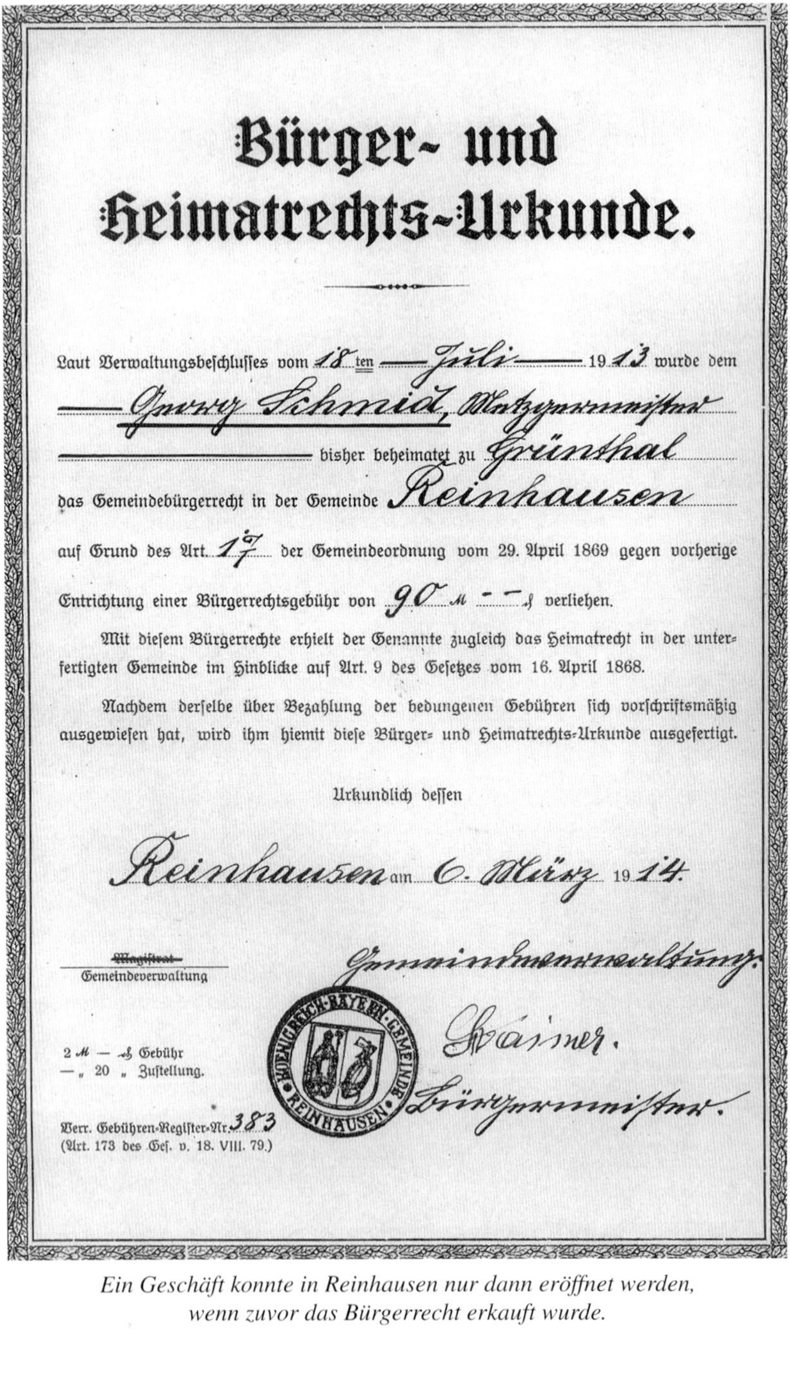

Bürger- und Heimatrechts-Urkunde.

Laut Verwaltungsbeschlusses vom 18ten Juli 1913 wurde dem

Georg Schmid, Metzgermeister

bisher beheimatet zu Grünthal

das Gemeindebürgerrecht in der Gemeinde Reinhausen

auf Grund des Art. 17 der Gemeindeordnung vom 29. April 1869 gegen vorherige Entrichtung einer Bürgerrechtsgebühr von 90 M — ₰ verliehen.

Mit diesem Bürgerrechte erhielt der Genannte zugleich das Heimatrecht in der unterfertigten Gemeinde im Hinblicke auf Art. 9 des Gesetzes vom 16. April 1868.

Nachdem derselbe über Bezahlung der bedungenen Gebühren sich vorschriftsmäßig ausgewiesen hat, wird ihm hiemit diese Bürger- und Heimatrechts-Urkunde ausgefertigt.

Urkundlich dessen

Reinhausen am 6. März 1914.

~~Magistrat~~
Gemeindeverwaltung

Gemeindeverwaltung.

KOENIGREICH BAYERN GEMEINDE REINHAUSEN

Kramer.

Bürgermeister.

2 M — ₰ Gebühr
— „ 20 „ Zustellung.

Verr. Gebühren-Register-Nr. 383
(Art. 173 des Ges. v. 18. VIII. 79.)

Ein Geschäft konnte in Reinhausen nur dann eröffnet werden, wenn zuvor das Bürgerrecht erkauft wurde.

Hohenschwangau, den 7. September 1913

L u d w i g,
Prinz von Bayern, des Königreichs Bayern Verweser.
gez. Staatsrat von Steiner.
Auf Allerhöchsten Befehl
Der Generalsekretär
An dessen Statt
der Ministerialrat
gez. Hauptmann."

Nachdem im November 1913 der Bischöfliche Stiftungsbrief erlassen ist, wird Expositus Joseph Wimmer am 18. Nov. 1913 als Provisor der neuen Pfarrei St. Joseph Reinhausen ernannt (OVBl. 1913, 191). Provisor Joseph Wimmer wird von König Ludwig III. dann auch auf die Pfarrei Reinhausen präsentiert (OVBl. 1914, 16) und am 4. Febr. 1914 als Pfarrer von Reinhausen kanonisch instituiert (OVBl. 1914, 48).

Pfarrer – seit 1924 Stadtpfarrer – Joseph Wimmer (1914-1938)

Am 4. Juni 1914 ist im Dom Firmung durch Bischof Antonius für 650 Kinder aus dem Dekanat Regensburg[11], dem die neue Pfarrei Reinhausen angehört, nebst Deuerling, Eilsbrunn, Frauenberg, Laaber und Nittendorf (OVBl. 1914, 56 und 101).

Am 3. Juli 1914 wird der Neupriester Friedrich Betthausen in Reinhausen (* 19. Dez. 1888 in Roßlau, Diöz. Paderborn; Priesterweihe 29. Juni 1914) als Aushilfspriester nach Viechtach angewiesen (OVBl. 1914, 115), später wird er Coop. in Lam (OVBl. 1914, 155). Betthausen ist am 3. Okt. 1935 mit 47 Jahren als Pfarrer von Hunderdorf verstorben (ABl. 1935, 97).

Bei der Dekanatereform 1914 verbleibt Reinhausen beim Dekanat Regensburg, das durch Umgliederungen jedoch von bisher 19386 Seelen auf 25663 Seelen anwächst

---

11 Es werden hier nur die Firmtermine ab Pfarreierrichtung aufgeführt. Die Reinhausener Kinder wurden auch in den Jahrzehnten zuvor immer zusammen mit den anderen Kindern aus dem Landdekanat Regensburg im Dom gefirmt.

(OVBl. 1914, 147). Als Taxe für die heiligen Öle wird ab 1915 für Reinhausen, mit 6392 Seelen weitaus größte Pfarrei des Dekanates Regensburg, der Betrag von 2 Mark 50 Pf. festgesetzt (OVBl. 1915, Beilage 1, 5).

Bei der Firmung am 27. Mai 1915 werden im Dom 554 Kinder u.a. aus Reinhausen durch den Bischof gefirmt (OVBl. 1915, 77 und 101).

1916 verleiht König Ludwig III. das König-Ludwig-Kreuz u.a. an Pfarrer Josef Wimmer von Reinhausen (OVBl. 1916, 22). Beim Firmtermin 15. Juni 1916 werden vom Bischof im Hohen Dom 580 Kinder u.a. aus Reinhausen gefirmt (OVBl. 1916, 42 und 102).
Die Diözesanmatrikel 1916 beschreibt die Pfarrei Reinhausen wie folgt[12]: Reinhausen. Pfarrei mit 1 Kooperatur. 1228 erscheint R[einhausen] als zur Pfarrei Sallern gehörig. 1899 Expositur. Im Februar 1913 wurde dem Expositus ein Kooperator beigegeben. 18.11.1913 Pfarrei. Reinhausen liegt im Kreis (heute: Bezirk) Oberpfalz, im Bezirksamt (heute: Landkreis) Stadtamhof, im Rentamt (heute: Finanzamt) Regensburg I; die Bahnstation Regensburg ist 2,5 km entfernt, Walhallastraße 2 km. Die Pfarrei umfasst die politischen Gemeinden Reinhausen und Weichs. Dabei verteilen sich die 6426 Katholiken (bei 40 Protestanten) auf 420 Häuser mit 5180 Seelen in Reinhausen und auf 130 Häuser mit 1246 Seelen in Weichs. Die im Jahr 1908 erbaute (d.h. wohl im Rohbau fertig gestellte) Pfarrkirche St. Joseph wurde am 11. August 1912 konsekriert; sie ist sehr hell und trocken, sehr geräumig, erfordert trotz der Akustik ein kräftiges Organ (beim Prediger). Sie hat drei feste Altäre. Die Baulast liegt bei der Kirchengemeinde; ein Baufonds enthält 1500 Mark. An Gottesdiensten sind gestiftet 27 Ämter, 179 Messen, 37 Abendandachten. Es bestehen folgende religiöse Vereine: Josephsbruderschaft mit 4 Konventen, lebendiger Rosenkranz mit 1 Konvent mit Predigt; Kindheit-Jesu-Verein[13]. Konkurstage sind das Josephsfest, der 6. Januar, das Portiunkulafest, der Allerseelensonntag. Aushilfe wird meist unentgeltlich gegen Ausspeisung geleistet, die Josephsbruderschaft deckt etwaige Kosten. Letzte Volksmission war 1910/11. Der Mesner- und Chordienst

12 Matrikel der Diözese Regensburg, Hsg. im Auftrag Sr. Exzellenz des Hochwürdigsten Herrn Bischofs Dr Antonius von Henle vom Bischöflichen Ordinariate Regensburg, Regensburg 1916. Die Beschreibung Reinhausens findet sich auf Seite 449; Reinhausen ist dort unter den Pfarreien des Dekanates Regensburg als Nummer 13 eingeordnet.

13 Für den Kindheit-Jesu-Verein kamen z. B. für 1912 im Dekanat Regensburg 666 M 68 Pf. zusammen, davon aus der Expositur Reinhausen und der Schule Weichs 90 M 68 Pf. (OVBl. 1913, Beilage 1, 4). Im Jahr darauf spendeten die Pfarrei Reinhausen 262 M und die Schule Weichs 39 M 30 Pf. (OVBl. 1914, Beilage 1, 4), im Jahr 1914 waren es für Reinhausen mit Weichs 100 M (OVBl. 1915, Beilage 2, 4), 1915 wieder 625 bzw. 622 M (OVBl. 1916, Beilage 1, 5; dort ist Reinhausen zwei Mal aufgeführt). Einige Jahre später werden die Einzelbeträge nicht mehr im Amtsblatt aufgelistet.

sind mit der 1. Knabenlehrerstelle verbunden; die Mesnerdienstwohnung liegt zur Hälfte im Eigentum der Kirchenstiftung, zur anderen Hälfte bei
der Schulgemeinde; die Baulast trägt die Gemeinde. Der 10 Minuten von der Kirche entfernte Friedhof ist benediziert und ist im Eigentum der Kirchenstiftung, die Baulast bei der Sepulturgemeinde. Das Leichenhaus ist im Eigentum und in der Baulast der Gemeinde. Was die Pfarrpfründe angeht, so besteht ein Präsentationsrecht des Königs im Wechsel mit der freien Übertragung durch den Bischof. Das Reineinkommen der Pfründe beträgt 2945,70 Mark, die Lasten belaufen sich auf 1864,76 Mark. Das Wittum, d. h. die Pfründegrundstücke, umfasst nur 0,275 ha Garten. Der Pfarrhof ist 1911 erbaut, mit der Sakristei durch einen gedeckten Gang verbunden, sehr hell und trocken sowie sehr geräumig: 15 (davon 10 heizbare) Zimmer, 2 Kammern, Bad, Waschküche, Wasserleitung, elektrisches Licht. Die Baulast liegt bei der Kirchgemeinde, der Baufonds umfasst 1620 Mark. Als Nebenkirche ist die ehemalige Expositurkirche St. Nikolaus vorhanden, sie ist konsekriert, hat einen festen und zwei tragbare Altäre, ist in der Baulast der Kirchenstiftung. Schul(klass)en sind 14 in Reinhausen und 3 in Weichs. An caritativen Einrichtungen bestehen das Kinderasyl St. Anna als Anstalt für elternlose Kinder, eine Kinderbewahranstalt und die ambulante Krankenpflege. An sozialen Vereinen existieren ein Arbeiterverein, ein Gesellenverein und ein Lehrlingsverein. In der Pfarrei befindet sich eine klösterliche Niederlassung der Franziskanerinnen von Mallersdorf mit 8 Schwestern. Die Entfernung der Nachbarpfarreien Stadtamhof beträgt 1,5 km, Sallern ebenfalls 1,5 km und Dompfarrei Regensburg 2 km. Zum Kinderasyl Reinhausen mit acht Schwestern, das zu den damals 115 diözesanen Niederlassungen der Mallersdorfer Schwestern gehört, bemerkt dieselbe Diözesanmatrikel (Seite 660f.): „Der Verein ‚Kinderasyl Reinhausen‘ eV, gegründet 26.2.1884, eröffnete unter Berufung von 3 Schw[estern] in einem von der Gemeinde R[einhausen] überlassenen Gebäude eine Kinderbewahrschule und Anstalt für elternlose, arme Kinder. Auch Erteilung von fakultativem Handarbeitsunterricht und ambulante Krankenpflege. 1908/09 wurde ein Anstaltsneubau aufgeführt, so daß auch Kinder fremder Gemeinden Aufnahme finden; die Gebäude sind Eigentum der Kirchenstiftung Reinhausen; die Baulast obliegt der Anstalt, bezw dem Vereine ‚Kinderasyl Reinhausen‘. Die Anstalt bietet Raum für 100 Hauskinder. Bewahrschule wird von 60, fakultativer Arbeitsunterricht von 30 Kindern besucht“. Schließlich erwähnt die Diözesanmatrikel 1916 (Seite 733), dass Reinhausen nach Angaben des bayerischen Statistischen Landesamtes von 1855 bis 1905 eine Volksmehrung von 199,3 % aufweist, bedingt durch den Aufschwung der Industrie. Ferner habe Reinhausen bei den Geburten im Durchschnitt der Jahre 1906/08 75 % Kinder gezählt, „welche heimatfremd am Geburtsorte waren“, was auf die große Zuwanderung im Umfeld der Stadt Regensburg hinweist (Seite 734).

Am 3. Juli 1916 wird der Aushilfspriester Johannes Chrysostomus Weber (* 31. Jan. 1886 in Pondorf a.d. Donau; Priesterweihe 29. Juni 1914) in Arzberg als Coop. nach Reinhausen angewiesen, weil Coop. Alois Wild als Expositus nach Bodenwöhr versetzt wird (OVBl. 1916, 112). BGR Wild ist am 23. Apr. 1972 als frr. Pfarrer von Schwandorf-St. Jakob und Kommorant in Amberg-St. Georg verstorben (ABl. 1972, 56).

Unter den Neupriestern des Jahres 1917 ist Georg Dietz (* 30. Jan. 1891; Priesterweihe 29. Juni 1917) aus Weichs (OVBl. 1917, 105). BGR Dietz ist am 27. Aug. 1972 als frr. Pfarrer von Paring und Kommorant in Langquaid verstorben (ABl. 1972, 75). Im Herbst 1917 werden Andreas Schiller, Josef Wagner und Friedrich Winkler aus Reinhausen in die 2. Klasse des Bischöflichen Knabenseminars Regensburg (OVBl. 1917, 136) und Karl Zwerger in die 2. Klasse des Bischöflichen Knabenseminars Straubing (ebd., 138) aufgenommen. 1918 werden in die 2. Klasse des Straubinger Seminars Joseph Weiglmeier aus Reinhausen und in die 1. Klasse Joseph Wachter aus Weichs aufgenommen (OVBl. 1918, 153). Und 1919 kommt Johann Islinger aus Reinhausen in die 1. Klasse des Mettener Seminars (OVBl. 1919, 116).

Die Firmung des Jahres 1917 wird am 31. Mai im Dom durch Bischof Antonius an 587 Personen, u.a. aus Reinhausen, gespendet (OVBl. 1917, 55 und 111). Bei der Firmung am 23. Mai 1918 werden 649 Personen von Weihbischof Johann Baptist Hierl (* 17. Jan. 1856 in Parsberg; Priesterweihe 4. Juli 1880; Bischofsweihe 18. Apr. 1911) im Dom gefirmt (OVBl. 1918, 53 und 132). Am 12. Juni 1919 ist Firmung im Dom u.a. für Reinhausen; dabei werden insgesamt 614 Personen vom Weihbischof gefirmt (OVBl. 1919, 52 und 99).

Bei der Neuordnung der Schuldekanate 1919 werden dem Schuldekanat Reinhausen die Schulorte Lappersdorf, Reinhausen, Weichs, Sallern und Kareth zugewiesen (OVBl. 1919, Beilage 1, 6). Schuldekan ist der Pfarrer von Reinhausen, Josef Wimmer (OVBl. 1920, 50).

Titl. Herr Michael Biederer (* 5. Juli 1852 in Reinhausen; Priesterweihe 10. Juni 1877), Bischöfl. Geistl. Rat, Pfarrer und Dechant in Illkofen (seit 25. Okt. 1893) wird als Kanonikus an der Alten Kapelle gewählt und am 16. Sept. 1919 installiert (OVBl. 1919, 87 und 130). Biederer ist am 2. Juni 1926 verstorben (OVBl. 1926, 93).

Am 21. Apr. 1920 wird Karl (d. Gr.) Hilburger (* 6. März 1881 in Reichenbach, Pf. Walderbach; Priesterweihe 29. Juni 1907), Koop. in Deggendorf, hauptamtlicher Religionslehrer an der Volksschule in Reinhausen (OVBl. 1920, 96). Am 28. Sept. 1920 wird Koop. Johann Chrysostomus Weber in Reinhausen neuer I. Präfekt im Knabenseminar Straubing (OVBl. 1920, 187). Mit Wirkung vom 1. Dez. 1922 wird der I. Präfekt im Straubinger Knabenseminar, Johann Chrysostomus Weber, Präfekt im Klerikalseminar (OVBl. 1922, 280). BGR Weber ist als Pfarrer von Sinzing am 5. Dez. 1952 verstorben (ABl. 1952, 98).

Die Firmung im Jahr 1920 fällt für Reinhausen auf den 27. Mai; dabei firmt Bischof Antonius im Dom 590 Personen (OVBl. 1920, 72 und 95).

Für Coop. Weber kommt am 28. Sept. 1920 August Birkenseer (* 23. Dez. 1892 in Burglengenfeld; Priesterweihe 29. Juni 1918) aus (Unter-)Viechtach nach Reinhausen (OVBl. 1920, 187).

Mit dem Staat werden hinsichtlich der Pfarrerbesoldung im Bistum Regensburg 110 „gehobene Pfarrstellen" vereinbart, darunter ist als Nr. 65 auch Reinhausen (OVBl. 1921, 229; auch OVBl. 1922, 55, dort Nr. 71).

Im Jahr 1921 firmt am 19. Mai der Bischof im Dom 990 Personen u.a. aus Reinhausen (OVBl. 1921, 58 und 105). Am 8. Juni 1922 ist wieder in der Domkirche Firmung durch den Bischof, bei der 588 Personen gefirmt werden (OVBl. 1922, 66 und 117).

Durch die Satzung für die kirchlichen Steuerverbandsvertretungen in den bayerischen Diözesen vom 9. Jan. 1922 findet die Wahl der zehn geistlichen (bei ca. 1040 Priestern) und 30 weltlichen Vertreter für den Diözesansteuerausschuss 1922-1928 statt. Dabei wird Reinhausen, obwohl dem Landdekanat Regensburg zugehörig, dem Wahlbezirk I, d.h. dem Stadtkommissariat Regensburg zugeschlagen, das am 17. Mai 1922 zwei Vertreter und zwei Ersatzleute wählt (OVBl. 1922, 74-79). Als Ersatzmann wird u.a. Georg Riepl, Modellschreiner in Reinhausen, gewählt (ebd., 111). Im Diözesansteuerausschuss 1928-1933 ist unter den geistlichen Mitgliedern Stadtpfarrer Wimmer, Reinhausen, Ersatzmann für Pfarrer Josef Lang aus Sallern (OVBl. 1928, 66).

Als Hilburger zum 1. Nov. 1922 an die Volksschule Steinweg versetzt wird, folgt ihm als Religionslehrer in Reinhausen Josef Brumbach (* 2. März 1890 in Hirschau; Priesterweihe 3. März 1915), zuvor Koop. in Pressath (OVBl. 1922, 257). Hilburger ist am 9. Okt. 1941 als frr. Pfarrer von Sollern und Kommorant in Prien am Chiemsee verstorben (ABl. 1941, 74).

Am 24. Mai 1923 ist im Dom Firmung u.a. für Reinhausen, wobei 716 Personen durch den Bischof gefirmt werden (OVBl. 1923, 61 und 80). Die Firmung 1924 u.a. für Reinhausen fällt auf den 12. Juni; es werden 462 Personen durch den Bischof gefirmt (OVBl. 1924, 22 und 49).

Am 1. April 1924 wird Reinhausen, damals das größte Dorf der Oberpfalz[14], ins Stadtgebiet Regensburg eingemeindet. Pfarrer und Schuldekan Wimmer wird somit zum Stadtpfarrer.

---

14 So K. Bauer, Regensburg, Kunst-, Kultur- und Alltagsgeschichte, Regensburg, 5. Aufl. 1997, 677.

Am 2. August 1925 feierte der in Reinhausen geborene P. Alexius Brandl, OSB, Primiz. Er war bis 1954 in Korea in der Mission. Am 12. April 1982 verstarb er in Dorfen.

Am 30. Nov. 1925 wird Coop. August(in) Birkenseer I. Coop. in Pilsting (OVBl. 1925, 126); er ist am 15. Juli 1937 nur 45-jährig als Pfarrer von Penting verstorben (ABl. 1937, 78). Für ihn kommt am 30. Nov. 1925 Gottfried Wensauer (* 20. Jan. 1898 in Arnschwang; Priesterweihe 29. Juni 1923) aus Kelheim nach Reinhausen. Als Gottfried Wensauer schon am 30. Aug. 1926 die Erlaubnis zur Übernahme der Präfektenstelle am Studienseminar St. Emmeram und St. Paul erhält, wird Andreas Kellner (* 27. Apr. 1900 in Rötz; Priesterweihe 29. Juni 1924) aus Sulzbach als Coop. nach Reinhausen angewiesen (OVBl. 1926, 114-115). Pfr. Wensauer ist am 1. Febr. 1957 als frr. Pfarrer von Martinsbuch und Kommorant in Arnschwang verstorben (ABl. 1957, 16).

Bei den Firmungen ab dem Jahr 1924 bleibt Reinhausen, obwohl nun Stadtpfarrei, noch bis 1927 mit den bisherigen Pfarreien des Landdekanates zusammen. Am 4. Juni 1925 werden vom Bischof insgesamt 627 Personen im Dom gefirmt (OVBl. 1925, 26 und 81). Am 27. Mai 1926 ist für Reinhausen und die üblichen Pfarreien Firmung im Dom; es werden 396 Personen durch den Bischof gefirmt (OVBl. 1926, 43 und 79). Im Jahr 1927 war keine Firmung für die Regensburger Stadtpfarreien angesetzt[15].

Am 11. Oktober 1927 war Bischof Antonius von Henle verstorben. Am 19. Dez. 1927 wurde von Papst Pius XI. der Münchner Weihbischof und Generalvikar Dr. Michael Buchberger (* 8. Juni 1874 in Jetzendorf/Obb.; Priesterweihe 29. Juni 1900; Bischofsweihe 20. Jan. 1924 in München) zum neuen Bischof von Regensburg ernannt; Buchberger wurde am 12. März 1928 als Bischof inthronisiert.

Am 10. Mai 1928 firmt der Weihbischof im Dom die Firmlinge der Stadtpfarreien St. Anton und St. Cäcilia sowie der äußeren Pfarreien von Großregensburg (!), nämlich Stadtamhof, Steinweg, Reinhausen, Sallern, Schwabelweis und Winzer (OVBl. 1928, 47). Im Jahr 1929 firmt Bischof Michael Buchberger im Dom am 19. April 288 Personen aus Stadtamhof, Steinweg, Reinhausen, Sallern, Schwabelweis und Winzer (OVBl. 1929, 35 und 78).

Unter den Neupriestern des Jahres 1929 ist Josef Winter (* 3. Dez. 1905 in Reinhausen; Priesterweihe 29. Juni 1929) aus Reinhausen. Er ist am 6. Sept. 1968 als Pfarrer von Steinberg/Ndb. (seit 15. Dez. 1950) verstorben (ABl. 1968, 117).

---

15 Im Firmplan 1927 erscheinen die beiden Stadtpfarreien Reinhausen und Sallern zwar unter dem Firmtermin am 1. Juni für die sonst mit ihnen verbundenen Landpfarreien, sind aber eingeklammert (OVBl. 1927, 46). Ab 1928 werden beide Pfarreien bei der Firmung zu den Stadtpfarreien gerechnet.

Kellner
Weber
Hilburger
Wild
Silbernes Priester Jubiläum des H. H.
Stadtpfarrers Josef Wimmer
Regensburg-Reinhausen
17 Juni
1928
Birkenseer
Brumbach
Wensauer

Andenken an die erste hl. Kommunion
Helene Sammbauer
hat die erste hl. Kommunion empfangen in der Stadtpfarr- Kirche
zu Regensburg-Reinhausen den 17. März 1929.
Kath. Stadtpfarramt Regensburg-Reinhausen.

In der Übersicht über die Schuldekanate des Jahres 1929 findet sich nach wie vor Reinhausen-Regensburg mit den Schulorten Kareth, Keilberg, Lappersdorf, Reinhausen, Sallern, Schwabelweis und Weichs (OVBl. 1929, Beilage 1, 6)

Der Neupriester Michael Schandri (* 5. Aug. 1904 in Luhe; Priesterweihe 29. Juni 1930) von Regensburg-Reinhausen (OVBl. 1930, 85) wird am 23. Juli 1930 als Koop. in Hohenfels angewiesen. Schandri wird später u.a. Anstaltspfarrer im Nervenkrankenhaus Regensburg (1949-1967), kommoriert in Regensburg-St. Cäcilia, ist Hausgeistlicher bei den Karmelitinnen und am 30. Apr. 1984 verstorben (ABl. 1984, 76).

Bei der Firmung am 7. Juni 1930, die erstmals in Stadtamhof St. Magn stattfindet, firmt der Bischof 392 Personen aus den Pfarreien St. Magn, Reinhausen, Steinweg, Sallern und Winzer (OVBl. 1930, 60 und 90).

Koop. Andreas Kellner wird am 23. Juli 1930 als Expositus nach Saltendorf versetzt (OVBl. 1930, 97); er ist am 9. Juni 1967 als frr. Pfarrer von Kallmünz und Kommorant in Regensburg-Ziegetsdorf verstorben (ABl. 1967, 92). Für ihn kommt am selben Tag aus Straubing-St. Peter Koop. Matthias Treiber (* 22. Febr. 1900 in Schönsee; Priesterweihe 29. Juni 1925) nach Reinhausen (OVBl. 1930, 97). Schon ein Jahr später wird Treiber ab 1. Nov. 1931 Expositus in Bubach am Forst (OVBl. 1931, 151); BGR Treiber, frr. Pfarrer von Amberg-St. Georg, verstirbt am 4. Nov. 1979 als Kanonikus am Kollegiatsstift St. Johann in Regensburg (ABl. 1979, 129). Für Treiber wird am 26. Okt. 1931 Koop. Otto Gillitzer (* 10. Nov. 1904 in Schönsee; Priesterweihe 29. Juni 1929) in Vohenstrauß nach Reinhausen versetzt (OVBl. 1931, 151).

Am 15. Mai 1931 wird Stadtpfarrer Joseph Wimmer zum Bischöflich Geistlichen Rat ernannt (OVBl. 1931, 87).

1931 ist wieder im Dom Firmung; der Bischof firmt am 26. Mai 378 Personen aus den Pfarreien wie 1930 (OVBl. 1931, 56 und 117).[16] Am 9. Mai 1932 firmt Weihbischof

---

16 Zu den Firmungen gab das OVBl. 1931 (58-59) folgende Hinweise, die ähnlich auch in anderen Jahren galten: „1. Die hl. Functionen beginnen an Firmungstagen um 8 Uhr... 2. Böllerschießen bei Ankunft oder Abfahrt des H.H. Bischofs ... ist mit Rücksicht auf die so leicht vorkommenden Unglücksfälle untersagt... 6. Nach der Predigt werden die Kinder gemeinsam, laut und feierlich ihr Glaubensbekenntnis und ihr Treuegelöbnis ablegen nach „Lob Gottes" S. 139. .. Unmittelbar darauf erfolgt die Erteilung der hl. Firmung, wozu die Kinder mit ihren Paten in 2 Reihen zum Hochaltar kommen. (Rechts Knaben mit Paten, links Mädchen mit Patinnen.) Die Kinder sollen den Rosenkranz in Händen haben und die Hände falten. Ihr Gebetbuch (Lob Gottes) und die Kopfbedeckung der Knaben mögen während der hl. Firmung die Paten in der linken Hand halten, während sie die rechte Hand auf die rechte Schulter des Kindes legen.... 10. Den Eltern und Paten wolle in geeigneter Form auf ernsteste eingeschärft werden, daß luxuriöse Patengeschenke, welche mit dem

Johann B. Hierl († 31.8.1936) im Dom 250 Personen der Stadtpfarrei Reinhausen (ABl. 1932, 31 und 65).

Das „Oberhirtliche Verordnungsblatt für das Bist(h)um Regensburg", zwischenzeitlich bereits gelegentlich „... für die **Diözese** Regensburg" genannt, hieß seit 1. Jan. 1932 „Amtsblatt für die Diözese Regensburg".

Am 1. Aug. 1932 wird der Aushilfspriester Georg Huber (* 4. Mai 1907 in Neukirchen bei Schwandorf; Priesterweihe 29. Juni 1931) in Reinhausen (seit 1. März 1932, zuvor in Böbrach; ABl. 1932, 40) als Koop. nach Falkenberg/Ndb. versetzt (ABl. 1932, 72). Pfr. Huber ist am 14. Juli 1971 als frr. Pfarrer von Schlicht und Kommorant in Trisching verstorben (ABl. 1971, 83).

Bereits mit Anweisung vom 17. Mai 1932 war am 1. Juni 1932 Religionslehrer Joseph Brumbach Expositus in Regensburg-Keilberg geworden (ABl. 1932, 60). Ab 1. Jan. 1937 ist Brumbach Pfarrer von Wenzenbach und verstirbt am 21. Aug. 1961 als frr. Pfarrer von Wenzenbach, Ehrendekan des Landkapitels Regensburg, zuletzt Kommorant in Neutraubling (ABl. 1961, 86).

Ab 1. Aug. 1932 wird nun Johann B. Stangl (* 7. Aug. 1899 in Weiden-St. Josef; Priesterweihe 29. Juni 1924), Koop. in Nabburg, Religionslehrer in Reinhausen (Hinweis im Amtsblatt fehlt).

Als Koop. Otto Gillitzer zum 1. Aug. 1933 nach Beratzhausen versetzt wird (ABl. 1933, 80), kommt zum selben Datum Johann Friedrich Thiesen (* 28. Aug. 1902 in Bonn, Stiftspf. Johann Baptist (Erzd. Köln); Priesterweihe 29. Juni 1929) aus Abensberg nach Reinhausen (ebd.). BGR Gillitzer ist am 18. Jan. 1985 als frr. Pfarrer von Schmidmühlen und Kommorant in Regensburg-Hl. Geist verstorben (ABl. 1985, 48).

Geist des hl. Tages und der Not der Zeit in großem Widerspruch stehen und die hohe Bedeutung des Sakramentes herabwürdigen, weder erwartet noch gegeben werden sollen. 11. Die Patinnen sollen von den H. Pfarrern gemahnt werden, daß sie nur in geziemender Kleidung in die Kirche kommen und vor dem H.H. Bischofe erscheinen. Sie haben sonst zu gewärtigen, daß sie zurückgewiesen werden. 12. Kinder unter dem 5.Schuljahr dürfen ordinarie auch beim 3jähr. Turnus nicht zur hl. Firmung zugelassen werden. Gefirmt werden beim 3jähr. Turnus die Kinder, die zur Zeit der Firmung dem 5., 6. und 7.Schuljahr angehören. 15. Damit die Firmlinge nicht einen großen Teil des Firmungstages im Gasthaus zubringen oder in Kinos und andere Veranstaltungen geführt werden, die sich gerade für diesen Tag am wenigsten eignen, wird der bischöfliche Sekretär ihnen in früher Nachmittagsstunde (gewöhnlich um 2 Uhr nach der Firmungsandacht) einen Lichtbildervortrag über die hl. Firmung halten ... Der Vortrag dauert in der Regel eine kleine Stunde".

Stangl
Rauscheder
Oberpfarrer
Treiber
Billitzer
Huber
Thiesen
Salat
Meier
Leibl
Kröner
Hofbauer
Schiehsl
60. Geburtstag des H. H. Geistlich. Rates u. Stadtpfarrers
Jos. Wimmer
Regensburg - Reinhausen 16. Juli 1938

Im Jahr 1933 firmt der Bischof am 24. Juni im Dom 375 Firmlinge der Pfarreien Reinhausen, Altenthann, Donaustauf, Geisling, Illkofen, Pfatter, Sarching, Tegernheim und Irlbach (ABl. 1933, 33 und 79).

In der Liste der 55 gehobenen Pfarreien in der Diözese Regensburg (Stand 1. Aug. 1933) ist unter Nummer 33 auch Regensburg-Reinhausen enthalten (ABl. 1933, 77-78).

Am 29. Mai 1934 firmt der Bischof im Dom 470 Personen aus den Pfarreien Stadtamhof-St. Mang, Reinhausen, Sallern, Steinweg, Schwabelweis und Winzer (ABl. 1934, 21 und 53).

Angesichts der erheblichen Bevölkerungszunahme erhält Reinhausen am 1. Aug. 1934 mit Alfred Salat (* 9. Dez. 1908 in Steinbach bei Rudelzhausen; Priesterweihe 29. Juni 1932), zuvor in Wolnzach, einen II. Kooperator (ABl. 1933, 60). Am 1. März 1936 wird Salat Expositus, später Kurat in Regensburg-Schottenheimsiedlung, der späteren Pfarrei St. Konrad (Hinweis im Amtsblatt fehlt), während Koop. Friedrich Thiesen ab 1. Apr. 1936 die Erlaubnis zur Übernahme der Stelle eines Sekretärs im Bonifatius-Verein erhält (ABl. 1936, 64). Salat wird am 1. Jan. 1940 noch Kurat der Kuratie St. Konrad und am 1. Dez. 1940 Pfarrer von Drachselsried, während am 1. Dez. 1940 Karl B. Günther (* 12. Juni 1910 in Regensburg, Dompfarrei; Priesterweihe 19. März 1936) neuer Kurat, dann Pfarrkurat (ab 19. Juli 1947) und schließlich erster Pfarrer (ab 1. Nov. 1953) in St. Konrad wird. BGR Alfred Salat ist am 17. April 1967 als Pfarrer von Straubing-St. Josef verstorben (ABl. 1967, 92); Prälat Johann Friedrich Thiesen, der später noch viele Jahre in der Pfarrei Reinhausen gewohnt hatte, verstirbt am 16. Aug. 1985 als Landessekretär i.R. des Bonifatiuswerkes und Kommorant in Reinhausen (ABl. 1985, 76).

Am 1. Apr. 1936 kommt Adolf Meier (* 2. Juni 1906 in Herrnwahlthann; Priesterweihe 29. Juni 1934) in Neunburg vorm Wald (ABl. 1936, 63) als I. Koop. nach Reinhausen. Am 16. Mai 1936 wird der Neupriester Paul Kröner (* 16. Febr. 1907 in Essen, damals Erzd. Köln; Priesterweihe 27. Febr. 1936) in Köln als III. Koop. (neben Meier und Exp. Salat) in Reinhausen angewiesen (ABl. 1936, 80); Kröner, der, wie schon Salat, eigentlich als II. Koop. von Sandsbach geführt wird (vgl. Schematismen 1936 und 1937), kehrt im Laufe des Jahres 1938 in seine Heimatdiözese zurück.

Ab 1. August 1934 wirkte als Kommorant Oberpfarrer Josef Rauscheder in der Pfarrei. Er verstarb am 8. November 1949 und wurde im Priestergrab im Friedhof Reinhausen beigesetzt.

Im Jahr 1935 ist Firmung am 31. Mai durch den Bischof für 444 Kinder derselben Pfarreien wie 1934 (ABl. 1935, 27 und 59). Die Firmung 1936 durch den neuen Weihbischof Johann B. Höcht (* 11. Sept. 1870 in Krummennaab; Priesterweihe 28. Okt. 1898; Bischofsweihe 3. Mai 1936) findet im Dom am 9. Juni statt; es werden dabei 436 Kinder u.a. aus Reinhausen gefirmt (ABl. 1936, 59 und 91). Im Jahr 1937 firmt der Weihbischof im Dom am 27. April 461 Kinder u.a. aus Reinhausen mit Dr. Schottenheim-Siedlung (ABl. 1937, 43 und 77).

Am 1. Sept. 1937 wird Koop. Meier Religionslehrer in Reinhausen (ABl. 1937, 91), da Religionslehrer Johann B. Stangl vom Staatsministerium für Unterricht und Kultus mit Wirkung vom 1. Sept. 1937 die Erteilung des Religionsunterrichtes an der Oberrealschule Deggendorf übertragen wird (ABl. 1937, 91). BGR Stangl ist als Oberstudienrat i.R. in Deggendorf-Mariä Himmelfahrt am 25. Nov. 1983 verstorben (ABl. 1983, 160).

Als neuer Koop. kommt aus Schönsee Michael Schießl (* 18. Apr. 1907 in Asbach, Pf. Schwarzenfeld; Priesterweihe 29. Juni 1934) nach Reinhausen (ABl. 1937, 91). Ferner wird am 24. März 1938 Koop. Karl Leibl (* 24. Aug. 1910 in Hemau; Priesterweihe 19. März 1935) in Mitterteich als II. Koop. nach Reinhausen angewiesen (ABl. 1938, 39). 1938 firmt wieder der Weihbischof im Dom, und zwar am 7. Mai; vom 6.-11. Mai firmt er insgesamt 1983 Kinder u.a. aus Reinhausen (ABl. 1938, 25 und 55).

„Am 31. Dezember [1938] wurde zum Kanonikus ... ernannt H. Geistl. Rat Joseph Wimmer, Stadtpfarrer in Regensburg-Reinhausen mit Wirkung vom 1. Februar" 1939; zu diesem Tag hatte Wimmer seine Resignation erklärt (ABl. 1939, 6). Im Februar 1939 wird „die Wahl und Präsentation des Stiftskanonikus zur Alten Kapelle Geistl. Rat Joseph Wimmer zum ständigen Pfarrvikar von St. Cassian in Regensburg ... oberhirtlich angenommen und bestätigt" (ABl. 1939, 25). BGR Wimmer verstirbt am 2. Dezember 1946 (Hinweis im Amtsblatt 1946 bzw. 1947 fehlt).

Am 14. Jan. 1939 wird nun Koop. Schießl zum 1. Febr. nebenamtl. Provisor der Pfarrei Reinhausen (ABl. 1939, 25).

Die Pfarrei wird zur Besetzung ausgeschrieben: „Erledigt durch Pfründeverzicht ab 1. Februar 1939 die Pfarrei Regensburg-Reinhausen. 25 Schulabteilungen. 0,81 Tgw. Garten. Baulast gesetzlich. Bewerbungsgesuche um diese Pfarrei sind binnen 2 Wochen vom Tage der Ausgabe dieses Amtsblattes zu richten an Se. Exzellenz unseren Hochw. Herrn Diözesanbischof" (ABl. 1939, 5).

Stadtpfarrer Joseph Schön (1939-1952)

Am 28. Febr. 1939 wird die Pfarrei Reinhausen an Stadtpfarrer Joseph Schön (* 23. Jan. 1884 in Adlersberg, Pf. Pettendorf; Priesterweihe 29. Juni 1910) in Schwabelweis (seit 28. Dez. 1921 dort Expositus, ab 19. Okt. 1927 Provisor und ab 2. Mai 1928 Pfarrer) verliehen (ABl. 1939, 39). Am 21. April 1909 wird Stadtpfarrer Schön als Schuldekan für das Schuldekanat Reinhausen bestätigt (ABl. 1939, 57).

Coop. Schießl wird ab 1. Apr. 1939 Pfarrprovisor in Schwabelweis (ABl. 1939, 39), danach ab 1. Juni 1939 Expositus in Eitlbrunn und 1958-1965 Pfarrer von Pettenreuth. Von 1965 bis 1972 ist er Anstaltsleiter und Benefiziumsprovisor in Kallmünz und kommoriert ab 1. Okt. 1972 in Reinhausen.

Erstmals findet am 3. Mai 1939 durch den Weihbischof in der Reinhausener Kirche selbst die Firmung für die Pfarreien Reinhausen, die Schottenheimsiedlung, Sallern, Schwabelweis und Keilberg statt, bei der 382 Kinder gefirmt werden (ABl. 1939, 34 und 76).

An Stelle Schießls wird am 1. Mai 1939 Anton Steinbauer (* 7. Juli 1912 in Himmelreich, Pf. Deggendorf; Priesterweihe 29. März 1937), Koop. in Schönwald, als II. Koop. nach Reinhausen angewiesen (ABl. 1939, 58). Schon ab 11. Febr. 1940 muss Steinbauer Kriegsdienst leisten; 1942 erhält er das Kriegsverdienstkreuz (ABl. 1942, 23). So wird zum 1. März 1940 Koop. Georg Pirzer (* 2. Apr. 1913 in Mauern, Pf. Neustadt/Do.; Priesterweihe 19. März 1938) in Pilsting als 2. Koop. nach Reinhausen angewiesen (ABl. 1940, 36). Pirzer kommt jedoch schon am 1. Sept. 1940 nach Regensburg-Herz Jesu (ABl. 1940, 85), wird aber am 19. Febr. 1941 erneut als Aushilfe nach Reinhausen angewiesen (ABl. 1941, 26). Nach Kriegsbeginn war Religionslehrer Adolf Meier schon am 7. Nov. 1939 zur Wehrmacht eingezogen worden (bis 15. Mai 1945).

Im Jahr 1940 ist am 30. April in Reinhausen Firmung durch Weihbischof Höcht für 355 Kinder (ABl. 1940, 30 und 57). 1941 wird die Firmung, da der Bischof selbst 281 Personen firmt, am 6. Mai u.a. für Reinhausen wieder in den Dom verlegt (ABl. 1941, Beilage 2, und 41).

Am 15. Apr. 1941 erhält Koop. Karl Leibl die Anweisung als Pfarrprovisor nach Kaltenbrunn (ABl. 1941, 34). Leibl wird später erster Pfarrer von Straubing-Christkönig (bis 1. Aug. 1985; ABl. 1985, 45) und lebt als Kommorant in Aiterhofen; er verstarb am 21. März 2003 (ABl. 2003, 58). Am 15. Apr. 1941 wird anstelle Leibls Pfarrprov. Georg Grötzinger (* 26. Juni 1913 in Möllersdorf, Pfk. Johannesbrunn; Priesterweihe 10. Apr. 1939) in Kösching als II. Koop. nach Reinhausen angewiesen (ABl. 1941, 34), doch wird er bereits am 3. Mai 1941 Pfarrprovisor und am 16. Mai Koop. in Stadteschenbach (ebd., 42); Grötzinger, frr. Pfarrer von Loizenkirchen und Ehrenbürger von Aham, lebt bis heute als Kommorant in Vilsbiburg (vgl. Schematismus 2006).

Im Jahr 1942 ist am 7. Juli Firmung für Reinhausen im Dom durch den Weihbischof für 192 Personen (ABl. 1942, 14 und 39). Die Firmung am 16. Mai 1943 ist wieder in Reinhausen durch den Weihbischof für 268 Kinder (ABl. 1943, Beilage zur Nr. 3, und 28). Die Firmung am 28. Apr. 1944 hält in Reinhausen der Weihbischof für 267 Kinder (ABl. 1944, Beilage und 68). Im Jahr 1945 findet keine Firmung statt (vgl. ABl. 1945, 15, 21-22, 35).

Am 26. Juni 1945 wird zum 1. Juli Adolf Meier, Religionslehrer in Regensburg-Reinhausen (zuletzt im Wehrdienst), als Benefiziumsprovisor und Religionslehrer nach Stadtamhof angewiesen (ABl. 1945, 24); die Stelle des Religionslehrers in Reinhausen bleibt bis 1947 unbesetzt. Am 24. März 1971 verstirbt Msgr. Adolf Meier, Diözesan-Pilgerleiter und Geistl. Beirat des Kath. Frauenbundes der Diözese (bis 1965), Spiritual im Bischöfl. Studienseminar Obermünster (bis 1968), zuletzt Kommorant in Regensburg-Stadtamhof, im 62. Lebensjahr (ABl. 1971, 66). Koop. Georg Pirzer, der vom 6. Febr. 1942 bis 8. Mai 1945 Kriegsdienst leisten musste, wird am 1. August 1945 aus der Pfarrei Herz Jesu wieder nach Reinhausen versetzt (ABl. 1945, 28). Als Pirzer am 1. Sept. 1946 Benefiziumsprovisor in Schwandorf wird (ABl. 1946, 69), kommt zum 1. Sept. 1946 Andreas Königbauer (* 1. März 1914 in Günzkofen, Pf. Adlkofen; Priesterweihe 25. Juli 1938 für die Diözese Innsbruck) als Hilfspriester nach Reinhausen (ABl. 1946, 69). StDir. i.R. Georg Pirzer ist am 9. Sept. 1987 in Schwandorf-St. Jakob verstorben (ABl. 1987, 100). Die II. Kooperatur bleibt noch auf Jahre unbesetzt, allerdings kommt nun der frühere Kooperator Anton Steinbauer, der erst am 30. Jan. 1947 aus der Gefangenschaft – er war dort Lagerpfarrer – zurückkehrte, am 1. Apr. 1947 als Religionslehrer nach Reinhausen (ABl. 1947, 33).

Im März 1946 wird Stadtpfarrer Josef Schön Bischöflich Geistlicher Rat (ABl. 1946, 17).

Im Firmplan 1946 ist Reinhausen für den 13. Juni vorgesehen; wer firmt und wieviele Personen gefirmt werden, fehlt im Amtsblatt (ABl. 1946, 12 und 45). Am 29. Mai 1947 firmt der Weihbischof in Reinhausen 280 Personen (ABl. 1947, 22 und 45). Die Firmung 1948 findet am 5. Mai durch Weihbischof Höcht für 304 Firmlinge in Reinhausen statt (ABl. 1948, 23 und 47).

Koop. Königbauer, der am 16. Jan. 1950 in die Diözese Regensburg inkardiniert wurde, wird am 1. Apr. 1948 Religionslehrer an der Berufsschule Regensburg (Hinweis im ABl. 1948 fehlt); StDir. a.D. Msgr. BGR Andreas Königbauer ist am 12. Juni 1992 in Regensburg-Herz Marien verstorben (ABl. 1992, 88). Der heimatvertriebene Hilfspriester Rudolf Pecher (* 2. Sept. 1909 in Fischern; Priesterweihe 16. Juni 1935 Erzd. Prag), bislang in Rothenstadt, übernimmt in den Jahren 1948 (ab 1. Mai) bis 1952 die Stelle eines Hilfspriesters in Reinhausen (ABl. 1948, 43-44). Als neuer Koop. kommt erst zum 16. Aug. 1948 aus Luhe Georg Zangl (* 2. Jan. 1917 in Irnsing; Priesterweihe 21. Juli 1946) nach Reinhausen (ABl. 1948, 65).

Unter den Weihekandidaten des Jahres 1948 ist Max Schmid (* 15. Okt. 1917; Priesterweihe 29. Juni 1948) aus Reinhausen (ABl. 1948, 41). BGR Max Schmid ist am 4. Mai 1997 als frr. Pfarrer von Teuerting und Kommorant in Regensburg-St. Katharina verstorben (ABl. 1997, 32).

Im Jahr 1949 ist am 9. Mai Firmung in Reinhausen durch Weihbischof Höcht für 335 Kinder (ABl. 1949, 27 und 60). Und 1950 fällt die Firmung – vermutlich – durch Weihbischof Höcht († 4. Dez. 1950) in Reinhausen auf den 23. Mai (ABl. 1950, 21 und 54).

Am 6. März 1949 kamen vier neue Glocken in St. Josef an und wurden von Weihbischof Dr. Johann Höcht geweiht.

Zum 1. Okt. 1949 wird Anton Steinbauer Religionslehrer an der Oberrealschule in Regensburg (ABl. 1949, 90); StDir a.D. Msgr. Steinbauer ist als Kommorant in Regensburg-St. Paul am 12. Mai 2006 verstorben (ABl. 2006, 74). Erst zum 15. März 1950 wird Alois Ederer (* 30. Nov. 1913 in Regensburg-Dompfarrei; Priesterweihe 19. März 1938), bisher Religionslehrer in Waldsassen, Religionslehrer in Reinhausen. Zum 1. Okt. 1952 wird der Neupriester Gunthar Reindl (* 29. Juni 1926 in Regensburg-St. Wolfgang; Priesterweihe 29. Juni 1952) als Hilfspriester und II. Koop. nach Reinhausen angewiesen (ABl. 1952, 90).

Im Jahr 1951 ist die Firmung in Reinhausen am 25. Mai durch den neuen Weihbischof Josef Hiltl (* 30. Aug. 1889 in Schwandorf; Priesterweihe 29. Juni 1914; Weihbischof seit 28. Apr. 1951, Bischofsweihe 14. Mai 1951) für 293 Kinder (ABl. 1951, 28 und 64). Die Firmung 1952 ist in Reinhausen am 15. Mai durch Erzbischof (seit 1950) Buchberger, der 242 Personen firmt (ABl. 1952, 30 und 50).

„Das 6. Kanonikat am Kollegiatstift U.L. Frau zur Alten Kapelle in Regensburg wurde mit Wirkung vom 1. November [1952] dem H. Geistl. Rat Josef Schön, Stadtpfarrer in Regensburg-Reinhausen, verliehen" (ABl. 1952, 90). Zum 1. Dez. 1952 wird Koop. Georg Zangl als Pfarrprovisor bestellt (ABl. 1952, 98). Die Pfarrei Reinhausen wird wie folgt ausgeschrieben: „Erledigt durch Pfründeverzicht ab 1. November [1952] die Pfarrei St. Josef in Regensburg-Reinhausen, Stadtdekanat Regensburg, Opf., mit ca. 9000 Seelen, die vom Stadtpfarrer mit 2 Kooperatoren und 1 Religionslehrer betreut werden. Religionsunterricht ist in 30 Schulklassen zu erteilen. Kirchliche Vereine: Werkvolk, Kolping, Frauenbund, männliche und weibliche Pfarrjugendgruppen. – Außer 0,275 ha Pfarrgarten ist kein Pfründegrundbesitz vorhanden". Bewerbungsgesuche waren, an den Bischof gerichtet, bis 30. November 1952 einzureichen (ABl. 1952, 89).

Stadtpfarrer Martin Lehner (1953-1960)

Zum 1. Jan. 1953 wird die Pfarrei Reinhausen Pfarrer Martin Lehner (* 12. Okt. 1902 in Handwerg, Pf. Oberdietfurt; Priesterweihe 29. Juni 1927), Pfarrer in Landshut-St. Nikola, übertragen (ABl. 1953, 7). Lehner war nach seiner Priesterweihe Aushilfspriester in Taufkirchen, dann ab 1. Dez. 1927 Koop. in Waldmünchen, in

Weiden-St. Joseph (ab 1. Aug. 1930) und in Regensburg-Steinweg (ab 1. Dez. 1933; dort auch Provisor vom 3. Okt. bis 1. Dez. 1934). Am 1. Dez. 1935 wurde er Kurat in der zu errichtenden Pfarrei Landshut-St. Wolfgang, ab 1. Jan. 1940 dort auch Pfarrkurat, am 1. Apr. 1942 erster Pfarrer von St. Wolfgang, bis er am 1. Mai 1948 die Pfarrei St. Nikola in Landshut übernahm.

Am 6. Mai 1953 ist in Reinhausen Firmung für die Pfarrei selbst, für Sallern, Schwabelweis und Tegernheim (ABl. 1953, 29); Weihbischof Hiltl firmt 211 Personen (ABl. 1953, 50).

Zum 1. Sept. 1953 wird Hilfspriester Gunthar Reindl zum Ordenseintritt beurlaubt (Hinweis im Amtsblatt 1953 fehlt); Offizialatsrat a.D. Reindl ist am 28. Jan. 1986 als Kommorant in Regensburg-St. Wolfgang verstorben (ABl. 1986, 76). Nach Reindls Weggang blieb die II. Kooperatur bis 1959 unbesetzt. Zum 1. Okt. 1953 erfolgt die Errichtung der Pfarrei St. Konrad in Regensburg unter endgültiger Abtrennung von Teilen der Pfarrei Reinhausen (ABl. 1953, 79).

Blick vom Dreifaltigkeitsberg (1954).

Nach Alois Ederer, der zum 1. Sept. 1953 Religionslehrer an der Wirtschaftsoberrealschule in Regensburg wird (Hinweis im Amtsblatt 1953 fehlt), wird ab 1. Okt. 1953 der Koop. in Wunsiedel Franz Haslbeck (* 12. Febr. 1919 in Regensburg-Dompfarrei; Priesterweihe 29. Juni 1948) als Religionslehrer nach Reinhausen angewiesen (ABl. 1953, 84). Ferner wechselt zum 1. Nov. 1953 Koop. Zangl als Expositus nach Windischbergerdorf (ABl. 1953, 96), so dass aus Schwarzenfeld Koop. Georg Bösl (* 23. Apr. 1923 in Hirschau; Priesterweihe 29. Juni 1950) nach Reinhausen versetzt wird (ABl. 1953, 96). BGR Alois Ederer ist als StDir. i.R. (des Albrecht-Altdorfer-Gymnasiums) am 15. Okt. 1983 in Regensburg verstorben (ABl. 1983, 160). Georg Zangl hingegen verstirbt am 29. Juni 2004 als frr. Pfarrer von Griesbach/Ndb. und Kommorant in Irnsing (ABl. 2004, 122).

Weichs, Schloß

Unter den Weihekandidaten des Jahres 1953 (ABl. 1953, 41) ist Josef Schindlbeck (* 23. Mai 1924 in Regensburg-Weichs; Priesterweihe 29. Juni 1953). Schindlbeck ist am 5. Juli 1998 als frr. Pfarrer von Ihrlerstein (seit 1. Febr. 1972 bis 1. Sept. 1986) und Kommorant in Regensburg-St. Ulrich verstorben (ABl. 1998, 76).

Zum 12. März 1954 wird Stadtpfarrer Martin Lehner Bischöflich Geistlicher Rat (ABl. 1954, 36).

Im Jahr 1954 findet die Firmung in Reinhausen am 25. Mai durch den Erzbischof statt, der 240 Personen firmt (ABl. 1954, 32 und 52). 1955 ist die Firmung am 3. Mai; Weihbischof Hiltl firmt 175 Personen (ABl. 1955, 25 und 48). Im Jahr 1956 fällt die Firmung in Reinhausen auf den 8. Mai, bei der Erzbischof Buchberger 192 Firmlinge firmt (ABl. 1956, 39 und 57).

Seit 1955 bis zu seinem Tod lebt in der Laaberstraße in Weichs Dr. Josef Hanauer (* 15. März 1913 in Putzhof, Pf. Eslarn; Priesterweihe 19. März 1938), Kaplan in Eilsbrunn (ab 1. Apr. 1938), dann in Hirschau (ab 16. März 1940), jedoch eingezogen zum

Kriegsdienst (ab 22. Apr. 1940), nach Entlassung aus der Gefangenschaft (27. Juni 1945) wieder in Hirschau, ab 16. Juli 1947 Expositus in Bubach am Forst, seit 1. Sept. 1955 Religionslehrer am Alten Gymnasium (seit 1964: Albertus-Magnus-Gymnasium) Regensburg, wo er als StDir. am 1. Aug. 1975 in Ruhestand geht.

Pfarrer Georg Weidl (* 6. Juli 1893 in Damnau) ist ab 1. November 1956 als Kommorant tätig. Todestag ist der 18. Juni 1960 und findet im Priestergrab in Reinhausen seine letzte Ruhe.

Die Firmung 1957 hält am 31. Mai Weihbischof Hiltl für 231 Kinder aus Reinhausen, Sallern, Schwabelweis und Tegernheim (ABl. 1957, 19 und 57). Und zur Firmung des Jahres 1958 kommt am 19. Mai wieder Weihbischof Hiltl und firmt 234 Kinder aus den genannten Pfarreien (ABl. 1958, 26 und 45).

Unter den Weihekandidaten des Jahres 1958 ist Johann Schindlbeck (* 26. Apr. 1925 in Regensburg-Weichs; Priesterweihe 29. Juni 1958). Johann Schindlbeck ist am 10. Febr. 2002 als frr. Pfarrer von Schmatzhausen (1965-1977) und Kommorant in Regensburg-St. Katharina verstorben (ABl. 2002, 64).

Die Firmung im Jahr 1959 hält in Reinhausen am 2. Mai Erzbischof Michael Buchberger für 221 Kinder (ABl. 1959, 23 und 51). Zum 1. Aug. 1959 wird der Koop. in Neukirchen-St. Christoph Willibald Meiler (* 7. Juli 1930 in Gärmersdorf, Pf. Kümmersbruck; Priesterweihe 29. Juni 1956) als II. Koop. nach Reinhausen angewiesen (ABl. 1959, 83). Doch weil Koop. Georg Bösl am 1. Sept. 1959 Studienrat an der Städtischen Berufsschule Weiden wird (ab 1. Jan. 1966 Oberstudienrat), wird am 1. Sept. 1959 Josef Mühlbauer (* 3. Febr. 1926 in Grubhof, Exp. Trasching; Priesterweihe 29. Juni 1955), Koop. in Parsberg, als II. Koop. nach Reinhausen versetzt (ABl. 1959, 95). StDir. i.R. BGR Georg Bösl ist als Pfarrvikar für Großschönbrunn und Kommorant in Hirschau am 28. Juni 1993 verstorben (ABl. 1993, 60).

Als am 30. Jan. 1960 Religionslehrer Franz Haslbeck Pfarrkurat in Dachelhofen wird (ABl. 1960, 28), kommt zum 16. Febr. 1960 Heinrich Müller (* 29. Sept. 1926 in Duisburg-St. Josef; Priesterweihe 29. Juni 1950), Koop. in Amberg-St. Martin, als neuer Religionslehrer nach Reinhausen (ABl. 1960, 28). BGR Haslbeck verstirbt am 8. März 1995 als frr. Pfarrer von Walderbach und Kommorant in Beratzhausen (ABl. 1995, 76). „Herr B. Geistl. Rat Martin Lehner, Stadtpfarrer in Regensburg-Reinhausen, wurde zum Canonicus-Coadjutor mit dem Recht der Nachfolge im Bischöfl. Domkapitel, zum frequentierenden Geistlichen Rat und ordentlichen Mitglied des Bischöfl. Ordinariates ernannt, zugleich als Dompfarrvikar und Bischöflicher Pönitentiar, mit Wirkung vom 1. April 1960“ (ABl. 1960, 28). Am 31. Mai 1962 wird Kanonikus-Coadjutor und Dompfarrvikar Martin Lehner vom Dompropst als Domkapitular kanonisch installiert (ABl.

4. Mai 1958: Stadtpfarrer Martin Lehner empfängt Erzbischof Michael mit Sekretär Lorenz Rosner zum Festgottesdienst.

„Reinhausener Priester" beim großen Festzug.

1962, 71). „H.H. Prälat Domkapitular Josef Erhardsberger wurde auf seine Bitte hin unterm 15. März [1966] von seinem Amt als Geistlicher Beirat der Katholischen Aktion des Bistums entbunden. Am gleichen Tag wurde zu seinem Nachfolger ad interim in diesem Amt H.H. Domkapitular Dompfarrer Martin Lehner bestellt“ (ABl. 1966, 59). Dompfarrvikar Lehner wird im Herbst 1966 auch zum Prälaten ernannt (ABl. 1966, 115). Nach Neugliederung des Bistums in Regionen wird im Herbst 1968 Dompfarrer Martin Lehner Regionaldekan (ABl. 1968, 110). Unterm 22. Dezember 1970 spricht Bischof Rudolf zum 31. Dez. 1970 u.a. die Beurlaubung von Domkapitular Prälat Martin Lehner vom Amt eines Domkapitulars und zugleich die Entpflichtung vom Amt des Regionaldekans und Dompfarrvikars (ABl. 1970, 145, auch 147) aus. Prälat Martin Lehner kommoriert bis Okt. 1994 in der Dompfarrei Regensburg-St. Ulrich und ab Nov. 1994 in Regensburg-St. Cäcilia. Am 31. Jan. 1998 verstirbt Domkapitular i.R. Prälat BGR Martin Lehner in Regensburg-St. Cäcilia, 95 Jahre alt (ABl. 1998, 59).

Die Pfarrei Reinhausen wird wie folgt ausgeschrieben: „Erledigt durch Pfründewechsel ab 1. April die Pfarrei St. Josef in Regensburg-Reinhausen. – 11000 Seelen. – In Weichs wöchentlich 2 mal Schulmesse und meist auch Sonntags Gottesdienst. – Schulen: 29 Abteilungen Volksschule. – Pfründegrundstücke: Nur Garten 0,7 Tagwerk. – Kirchliche Vereine: Gruppen der Mannes- und Frauenjugend, DJK, Kolping, Männer- und Frauenwerkvolk, Frauenbund, Mar. Männerkongregation“. Bewerbungen waren bis 10. März einzureichen (ABl. 1960, 28).

Stadtpfarrer Johann Ev. Haderer (1960-1975)

Am 1. Mai 1960 wird die Pfarrei St. Josef in Reinhausen an den Pfarrer von Altdorf bei Landshut, Johann Ev. Haderer (* 27. Sept. 1908 in Haberskirchen; Priesterweihe 29. Juni 1933) verliehen (ABl. 1960, 38). Haderer war nach seiner Priesterweihe Koop. in Selb (1933-1936), Vilsbiburg (1936-1938) und Landshut St. Nikola (1938-1946), wo er vom 18. Apr. bis 1. Juli 1940 auch Pfarrprovisor wird. Seit dem 1. Nov. 1946 war er Pfarrer in Altheim.

Die Firmung 1960 hält am 24. Mai Weihbischof Hiltl für 217 Firmlinge (ABl. 1960, 24 und 63). Im Jahr 1961 werden am 9. Mai in Reinhausen 244 Firmlinge durch Weihbischof Josef Hiltl gefirmt (ABl. 1961, 27 und 1956). Am 10. Juni 1961 stirbt Erzbischof Dr. Michael Buchberger; Weihbischof Josef Hiltl wird Kapitularvikar (ABl 1961, 59-60).

Am 29. Mai 1962 ist in Reinhausen Firmung für 176 Firmlinge durch den Bischofs-Coadjutor Antonius Hofmann (* 4. Okt. 1909 in Rinchnach; Priesterweihe 13. Apr. 1936; Koadjutor von Bischof Simon Konrad Landersdorfer 20. Sept. 1961; Bischofsweihe 26. Nov. 1961; Bischof von Passau 27. Okt. 1968; em. 15. Okt. 1984; † 11. März 2000) aus Passau (ABl. 1962, 34 und 71).

Am 2. Juni 1962 tritt der neue Bischof Dr. Rudolf Graber (* 13. Sept. 1903 in Bayreuth; Priesterweihe 1. Aug. 1926; zum Bischof ernannt 28. März 1962; Bischofsweihe 2. Juni 1962) sein Amt an.

Am 1. Febr. 1963 wird P. Dr.iur.can. Friedrich Mühlbauer PA (* 14. Mai 1929 in Zimmering, Pf. Roding; Priesterweihe 16. Mai 1957 P.A.), bisher in Afrika Professor an der Hochschule in Kipalapala, als Koop. in Reinhausen angewiesen (ABl. 1963, 40).

Zur Firmung 1963 kommt am 9. Mai Bischof Rudolf Graber nach Reinhausen und firmt 220 (gemeldet 236) Firmlinge (ABl. 1963, 33 und 77).

Unter den Weihekandidaten des Jahres 1963 ist aus Regensburg-Reinhausen Norbert Glatzel (* 3. Febr. 1937 in Ziegenhals/Schlesien; Priesterweihe 29. Juni 1963), der nach der Weihe Aushilfe in Regensburg-St. Anton (ABl. 1963, 111), ab 1. Sept. 1963 Koop. in Plattling wird (ABl. 1963, 73). Glatzel studiert ab 1. Nov. 1965 an der Universität Münster, wird 1971 wissenschaftlicher Mitarbeiter und 1976 wissenschaftlicher Assistent an der Universität Augsburg; ab 1. Okt. 1976 ist er ordentlicher Professor für Christliche Soziallehre und Allgemeine Religionssoziologie an der Universität Bamberg, schließlich ab 1. Okt. 1989 Professor für Christliche Gesellschaftslehre an der Universität Freiburg, wo er zum 31. März 2002 emeritiert wird. Er bleibt bis Jan. 2005 in Freiburg und zieht dann nach Regensburg-Herz-Marien um. Seit 1. Apr. 2005 ist er Kanonikus an der Alten Kapelle (ABl. 2005, 51).

Am 1. Sept. 1963 wird Religionslehrer Heinrich Müller Religionslehrer an der Mittelschule, später Realschule Regensburg; an seiner Stelle wird nun Koop. Josef Mühlbauer als Religionslehrer bestellt (ABl. 1963, 121). Müller ist ab 1. Sept. 1977 Studienrat am Albertus-Magnus-Gymnasium, wo er als StDir. am 31. Juli 1990 in Ruhestand geht. Er kommoriert in Regensburg-Mariä Himmelfahrt; bereits seit 1. Okt. 1987 versieht er die Seelsorge in Mariaort. Am 29. Apr. 1998 erhält er den persönlichen Titel Pfarrer, im Jahr 2006, als er die Seelsorge in Mariaort aufgibt, erhält er den päpstlichen Ehrentitel Monsignore (ABl. 2006, 133).

Am 1. Okt. 1963 wird ferner Koop. Willibald Meiler zum Studium an der Universität München beurlaubt. Ab 1. Jan. 1965 ist er wissenschaftlicher Assistent an der Pädagogischen Hochschule Regensburg, seit 30. Dez. 1969 dort Studienrat, ab 1. Jan. 1971 Oberstudienrat, ab 1. März 1974 StDir. im Hochschuldienst an der Universität Regensburg. Seit 12. März 1987 ist Dr. Meiler Akademischer Direktor an der Universität Regensburg und lebt seit 1995 als Akadem. Direktor a.D. in Kümmersbruck.

Bei der Neuordnung der Ewigen Anbetung im Bistum zum 1. Jan. 1964 bleibt Reinhausen bei seinem Termin am 6. Januar, und zwar von 12-18 Uhr (ABl. 1964, 2).

Zum 1. Jan. 1964 erhält Reinhausen wieder einen zweiten Kooperator; am 14. Dez. 1963 wird Karl Heidingsfelder (* 14. März 1933 in Amberg; Priesterweihe 29. Juni 1960), seit 1. Sept. 1960 Koop. in Floß, angewiesen (ABl. 1963, 156), der 1965 seinen Pfarr- und Predigtamtskonkurs macht (ABl. 1965, 80).

Die Firmung im Jahr 1964 hält Weihbischof Hiltl am 23. April für 220 (gemeldet 230) Firmlinge aus Reinhausen, Schwabelweis und Tegernheim (ABl. 1964, 43 und 72). Zur Firmung am 8. Mai 1965 kommt Bischof P. Edgar Häring OFM, Bischof von Shohchow (China) nach Reinhausen und firmt ca. 220 (gemeldet 229) Firmlinge (ABl. 1965, 39 und 95, doch Angabe fehlt). Im Jahr 1966 hält Weihbischof Hiltl am 25. Juni in Reinhausen die Firmung für 211 (gemeldet 205) Firmlinge (ABl. 1966, 48 und 95).

Zum 4. Jahrestag seiner Bischofsweihe ernennt Bischof Rudolf Graber Stadtpfarrer und Schuldekan Johann Haderer im Herbst 1966 zum Bischöflich Geistlichen Rat (ABl. 1966, 74)

Am 1. Sept. 1966 wird Koop. P. Dr. Friedrich Mühlbauer zur Übernahme der Präfektenstelle am staatlich verwalteten Schülerheim St. Emmeram in Regensburg freigestellt (ABl. 1966, 101). Zugleich wird er Religionslehrer an Höheren Schulen. Ab 1. Mai 1967 ist Dr. Mühlbauer am Gymnasium in Cham, wird am 26. Okt. 1968 im Bistum inkardiniert und geht als StDir. am 1. Aug. 1988 in Ruhestand. Er kommoriert zunächst in Windischbergerdorf und ab 1992 in Reinhausen.

Für Friedrich Mühlbauer kommt zum 1. Sept. 1966 Koop. Helmut Huber (* 24. Aug. 1938 in Thann/Ndb.; Priesterweihe 29. Juni 1964), seit 15. Juli 1964 Koop. in Plattling, nach Reinhausen (ABl. 1966, 101). Huber ist ab 1967 Mitglied des Priesterrates (ABl. 1967, 101) und macht 1969 seinen Pfarr- und Predigtamtskonkurs (ABl. 1969, 70).

Im Jahr 1967 ist die Firmung in Reinhausen am 20. April wieder durch Bischof Häring († 25. Juli 1971) vorgesehen, der 198 Kinder firmen soll (ABl. 1967, 26 und 105, wo aber ein Hinweis fehlt). Zur Firmung des Jahres 1968 sollte am 15. Juni Abt Willibald

Margraf OSB (* 23. Aug. 1901; Profess 10. Mai 1923; Priesterweihe 17. Juli 1927; zum Abt von Schweiklberg gewählt 28. März 1941; Abtsbenediktion 27. Apr. 1941; resigniert 6. Febr. 1967; im Ruhestand in Mallersdorf) nach Reinhausen kommen, der 207 Kinder aus Reinhausen, Sallern und Schwabelweis firmt (ABl. 1968, 36 und 109, wo aber ein Hinweis fehlt). Und bei der Firmung 1969 firmt am 14. Juni Weihbischof Josef Hiltl († 20. Apr. 1979) 270 (gemeldet 271) Kinder in Reinhausen (ABl. 1969, 32 und 81).

Ab Sommer 1969 wird die Bezeichnung Kaplan statt Kooperator üblich. Kaplan Karl Heidingsfelder wird am 18. Aug. 1969 ab 1. Sept. 1969 als Expositus zur Wahrnehmung der seelsorglichen Obliegenheiten im künftigen, neu zu errichtenden Seelsorgsbezirk der Pfarrei Reinhausen – d.h. als Kurat in Hl. Geist, das am 1. Jan. 1970 zur Expositur erhoben wird – angewiesen (ABl. 1969, 127); am 17. Okt. 1971 wird Heidingsfelder erster Pfarrer von Regensburg-Hl. Geist, ist seit 1. Sept. 1984 Pfarrer im Behindertenzentrum Ursberg und seit 1. Sept. 1997 zugleich Kur- und Hausseelsorger im Heilbad Bad Krumbad.

Unter den Neupriestern des Jahres 1968 (ABl. 1968, 56) ist aus Reinhausen Johann Strunz (* 22. Sept. 1942 in Regensburg; Priesterweihe 29. Juni 1968).

1970 ist keine Firmung im Dom oder in den Regensburger Stadtpfarreien verzeichnet (vgl. ABl. 1970, 35-36).

Unter den Weihekandidaten 1970 ist aus Reinhausen Klaus Poitsch (* 2. Apr. 1945 in Regensburg; Priesterweihe 18. Juli 1970). Poitsch ist nach der Priesterweihe Kaplan in Schierling, ab 1. Febr. 1972 Diözesanseelsorger des BDKJ, dies bleibt er nebenamtlich, als er ab 1. Okt. 1972 Kaplan in Regensburg–St. Wolfgang wird; ab 1. März 1976 ist Poitsch Pfarrkurat und ab 14. Mai 1978 Pfarrer in Bach, seit 1. Sept. 1984 Pfarrer von Regensburg-Hl. Geist.

Die Firmung im Jahr 1971 findet am 24. April durch Altabt Willibald Margraf OSB († 18. Apr. 1979) in Reinhausen für 217 Kinder der Pfarrei und aus Schwabelweis statt (ABl. 1971, 37 und 82).

Am 1. Sept. 1971 wird Johann Strunz, Kaplan in Eggenfelden (seit 1. Sept. 1968), zum Studium an der Universität Regensburg beurlaubt (ABl. 1971, 83) und nimmt Wohnung in der Pfarrei Reinhausen. Strunz wird am 24. März 1976 wissenschaftlicher Assistent, am 1. Sept. 1981 Pfarradministrator und am 1. Febr. 1984 Pfarrer in Irlbach/Opf., bis er am 1. Sept. 1996 Pfarrer von Regensburg-St. Konrad wird; seit 1. Sept. 2003 ist BGR Strunz Regionaldekan, 2006 wird er Prälat.

1972 ist die Firmung in Reinhausen durch Weihbischof Karl B. Flügel (* 20. Aug. 1915 in Amberg; Priesterweihe 29. Juni 1949; Bischofsweihe 7. Okt. 1968) am 22. April für 118 Kinder aus Reinhausen, Hl. Geist, Sallern und Schwabelweis (ABl. 1972, 26 und 67).

Am 26. März 1972 verstirbt der frr. (seit 1. Nov. 1950) Pfarrer von Appersdorf, Matthias Lindner (* 23. Febr. 1886 in Plößberg; Priesterweihe 29. Juni 1909), Kommorant in Reinhausen (ABl. 1972, 36).

Als am 1. Sept. 1972 Kaplan Helmut Huber die Pfarrei Regensburg-St. Wolfgang verliehen wird, kommt der Kaplan Peter Fenzl (* 21. Aug. 1944 in Iphofen, Ed. Bamberg; Priesterweihe 18. Juli 1970) aus Teublitz nach Reinhausen (ABl. 1972, 75). Huber bleibt 20 Jahre in St. Wolfgang, wird 1989 Monsignore (ABl. 1989, 112) und ab 1. Sept. 1992 Leiter der Theologischen und Pastoralen Fortbildung in Freising, als solcher im Jahr 2001 Prälat. Seit 1. Sept. 2004 ist er priesterlicher Leiter der Seelsorge für den Pfarrverband Allershausen-Hohenkammer-Kirchdorf in der Erzdiözese München und Freising.

Im Jahr 1973 ist die Firmung für die Kinder aus Reinhausen am 5. Mai durch Weihbischof Flügel in Hl. Geist (ABl. 1973, 35); es werden 200 Kinder gefirmt (ABl. 1973, 95). 1974 fällt die Firmung durch Alterzbischof Andreas Rohracher (* 31. Mai 1892 in Lienz/Osttirol; Priesterweihe 25. Mai 1915; Bischofsweihe 15. Okt. 1933; Erzbischof von Salzburg 1. Mai 1943; em. 20. Juni 1969) aus Salzburg auf den 27. April (ABl. 1974, 36); es werden in Reinhausen 241 Kinder gefirmt (ABl. 1974, 76). Auch am 10. Mai 1975 firmt Rohracher († 6. Aug. 1976 in Altötting), allerdings in Hl. Geist, ca. 250 Kinder u.a. aus Reinhausen (ABl. 1975, 29).

Am 1. Nov. 1974 wird Religionslehrer Josef Mühlbauer Pfarrer in der Sonderseelsorge und Religionslehrer an Sonderschulen (ABl. 1974, 126). Am 31. Okt. 1977 wird er Schuldekan für den Bereich Sonderschulen; BGR Mühlbauer geht zum 16. Febr. 1996 in Ruhestand, den er in Reinhausen verbringt.

Am 19. Juni 1975 ist in Reinhausen selbst Firmung durch den neuen Weihbischof Vinzenz Guggenberger (* 21. März 1929 in Osterham, Pf. Hofkirchen; Priesterweihe 29. Juni 1953; Bischofsweihe 24. Juni 1972) für 157 Schüler des Werner-von-Siemens-Gymnasiums[17] (ABl. 1975, 31 und 99).

Als die Resignation von Stadtpfarrer BGR Haderer zum 1. April 1975 genehmigt wird (ABl. 1975, 16), wird der frühere Koop. Michael Schießl, der seit 1972 in Reinhausen im Ruhestand lebt, Provisor der Pfarrei (ABl. 1975, 48) bis Ende Juli.

17 1975 beginnt die Reihe der alljährlichen „Schulfirmungen“.

Schießl ist am 13. Nov. 1978 als frr. Pfarrer von Pettenreuth und Kommorant in Reinhausen verstorben (ABl. 1978, 183).

Pfarrprovisor Michael Schießl und Kaplan Peter Fenzl verabschieden Stadtpfarrer Johann Haderer in den Ruhestand.

Die Pfarrei wird knapp wie folgt zur Besetzung ausgeschrieben: „Durch Stellenverzicht ... ab 1. April d. J. [1975] ... vakant: Regensburg-St. Josef (Regensburg-Reinhausen) im Stadtdekanat Regensburg; 8250 K. ... Termin für die Vorlage von Bewerbungsgesuchen: 10. März d. Js." (ABl. 1975, 16).

BGR Haderer wird Kanonikus des Kollegiatskapitels zu den hll. Martinus und Kastulus in Landshut (ED. München und Freising). Als solcher ist er am 26. Dez. 1995 mit 87 Jahren verstorben und wurde in Landshut-St. Martin bestattet (ABl. 1995, 152).

Stadtpfarrer August Lindner (1975-1998)

Zum 1. August 1975 wird die Pfarrei St. Josef Reinhausen an den Pfarrer von Oberköblitz (seit 1. Apr. 1964), Pfarrer August Lindner (* 21. März 1928 in Plößberg; Priesterweihe 29. Juni 1952), Dekan des Kapitels Nabburg, verliehen (ABl. 1975, 79). Lindner hatte 1944-1945 noch Kriegsdienst leisten müssen, war nach seiner Priesterweihe Kaplan in Wallersdorf (1952-1954) und Schwandorf-Herz Jesu (1954-1955) und wurde am 1. Aug. 1955 Kurat in Querenbach. Ab 1. Sept. 1956 war er Expositus in Bernhardswald und ab 1. Okt. 1959 Pfarrkurat.

Die Firmung des Jahres 1976 hält am 22. Mai Weihbischof Guggenberger für die Pfarrei in Reinhausen; dabei werden 183 Kinder gefirmt (ABl. 1976, 26 und 95). Weihbischof Flügel firmt am 26. Mai in Reinhausen 176 Schüler des Werner-von-Siemens-Gymnasiums (ABl. 1976, 26 und 94).

Im Sommer 1976 scheidet Kaplan Peter Fenzl aus dem Dienst der Diözese aus (Hinweis im Amtsblatt fehlt). Für ihn kommt der Neupriester Josef Triebenbacher (* 25. Dez. 1950 in Kondrau, Pf. Waldsassen; Priesterweihe 26. Juni 1976) nach Reinhausen (ABl. 1976, 101).

Bei der Neuordnung der Ewigen Anbetung zum 31. Oktober 1976 bekommt Reinhausen als feste Termine den 6. Januar, wie bisher, und den Patronatstag 19. März zugewiesen (ABl. 1976, 138).

Am 1. Januar 1977 wird das neugeschaffene 5. Kanonikat am Kollegiatsstift St. Johann in Regensburg dem frr. Pfarrer von Dingolfing-St. Josef (seit 1. Aug. 1976) und Kommorant in Zeitlarn, BGR Wilhelm Georgi (* 17. Febr. 1913 in Reinhausen; Priesterweihe 13. Aug. 1939 SVD), verliehen (ABl. 1976, 179). Georgi leistete 1940-1948 Missionsdienst in China (1940-1944 Vizerektor der Bischöfl. Residenz in Sinsieng; 1944-1948 Hospitaldirektor in Huaiking, Tungkin und Lintung), kam ab Sept. 1948 ins Bistum Regensburg, wo er Kooperator in Regensburg-St. Anton wurde. Nach seiner Inkardination ins Bistum am 15. Mai 1952 wurde Georgi Religionslehrer in Regensburg-St. Konrad (16. Aug. 1952), Expositus in Frauenbiburg (1. Dez. 1956), Pfarrkurat

(1. Aug. 1957) und schließlich Pfarrer (1. Jan. 1960) in Dingolfing-St. Josef. Georgi verstirbt 80-jährig am 2. Okt. 1993 (ABl. 1993, 88).

Im Jahr 1977 ist am 14. Mai Firmung für 120 Schüler des Werner-von-Siemens-Gymnasiums durch Abt Emmeram Geser OSB (* 22. Okt. 1938 in Regensburg; Profess 12. Okt. 1959; Priesterweihe 20. Dez. 1964; Abtwahl am 3. Nov. 1971; Abtsbenediktion 18. Dez. 1971; resigniert am 9. Sept. 1989) aus Metten (ABl. 1977, 35 und 96). Die Reinhausener Kinder wurden am 7. Mai in Heilig Geist durch Weihbischof Flügel gefirmt, insgesamt 198 Personen (ABl. 1977, 35 und 94).

Bischof Rudolf Graber († 31. Jan. 1992) firmt in Reinhausen am 24. Apr. 1978 139 Schüler des Werner-von-Siemens-Gymnasiums (ABl. 1978, 25 und 107) und am 10. Juni 1978 216 Kinder der Pfarrei Reinhausen und der übrigen üblicherweise beteiligten Pfarreien (ABl. 1978, 26 und 107).

An Weihnachten 1978 wird Pfarrer August Lindner Bischöflich Geistlicher Rat (ABl. 1978, 183).

1979 firmt Abt Thomas Niggl OSB aus Weltenburg (* 28. April 1922 in Murnau; Profess 30. Sept. 1946; Priesterweihe 29. Juni 1950; Abtsbenediktion 10. Juli 1976) in Reinhausen am 3. Mai 109 Schüler des Werner-von-Siemens-Gymnasiums (ABl. 1979, 20 und 94); die Reinhausener Kinder haben am 5. Mai Firmung durch Abt Emmeram Geser OSB in Hl. Geist, wobei 191 Kinder gefirmt werden (ABl. 1979, 20 und 94).

Am 1. Sept. 1979 wird Josef Triebenbacher Kaplan in Parsberg (ABl. 1979, 95), zum 1. Sept. 1983 Pfarrkurat in Schirnding und ist seit 1. Sept.

10. Juni 1978: Bischof Rudolf Graber firmt in der Pfarrkirche 216 Kinder.

1995 Pfarrer von Cham-St. Josef, seit 1. Sept. 2003 zugleich Pfarradministrator für Untertraubenbach. Für ihn wird der Neupriester Michael Killermann (* 18. Sept. 1953 in Voitsried, Pf. Heinrichskirchen; Priesterweihe 23. Juni 1979) als Kaplan in Reinhausen angewiesen.

Im Jahr 1980 ist in Reinhausen Firmung durch Weihbischof Guggenberger am 10. Mai für insgesamt 181 Kinder aus Reinhausen und den üblichen beteiligten Pfarreien (ABl. 1980, 29 und 120) und am 3. Juli für 102 Schüler des Werner-von-Siemens-Gymnasiums (ABl. 1980, 31 und 120). Die Firmung 1981 fällt für die Kinder aus Reinhausen auf den 9. Mai; in Hl. Geist firmt Bischof Rudolf 159 Kinder (ABl. 1981, 18 und 100). Die Firmung für 61 Schüler des Werner-von-Siemens-Gymnasiums ist erst am 14. Juli 1981 in Reinhausen durch Abt Virgil Kinzel OSB (* 1. Sept. 1910; Profess 21. Sept. 1931; Priesterweihe 5. Mai 1935; Abtsbenediktion 16. Juli 1969), Rohr (ABl. 1981, 20 und 102). Im Jahr 1982 firmen Weihbischof Flügel in Reinhausen am 11. Mai 79 Schüler des Werner-von-Siemens-Gymnasiums (ABl. 1982, 32 und 119) und Weihbischof Guggenberger am 21. Juli ebenfalls in Reinhausen 116 Kinder der üblichen Pfarreien (ABl. 1982, 35 und 120).

Pfarrer BGR Lindner gehört ab 1982 der Prüfungskommission zur Durchführung der Zweiten Dienstprüfung der Priester an (ABl. 1982, 152).

Am 1. Sept. 1982 wird Kaplan Killermann Kaplan in Straubing-St. Peter (ABl. 1982, 121); Killermann, seit 16. Aug. 1984 Militärgeistlicher und ab 16. Jan. 1985 Militärpfarrer in Bogen, wird zum 1. Sept. 1984 nebenamtlicher Pfarradministrator in Schambach/Ndb. (ABl. 1984, 81). Ab 15. Sept. 1990 ist Killermann Militärpfarrer in Landshut, ab 1. Sept. 1994 in Regensburg, wo er seelsorgliche Mithilfe in St. Albertus-Magnus leistet. Er wird am 12. Apr. 1995 Militärdekan und scheidet als solcher am 15. Jan. 1997 aus dem Dienst. Nach weiterer Seelsorgsmithilfe in Albertus-Magnus übernimmt er am 1. Sept. 1997 die Pfarrei Irlbach/Ndb. und wird ab 1. Sept. 2004 zugleich Pfarradministrator für Schambach.

Für Killermann kommt zum 1. Sept. 1982 der Neupriester Norbert Schrader (* 15. Mai 1955 in Geroldsbach; Priesterweihe 26. Juni 1982) als Kaplan nach Reinhausen (ABl. 1982, 121).

Die Firmung 1983[18] ist in Hl. Geist am 7. Mai durch den neuen Bischof Manfred Müller (* 15. Nov. 1926 in Augsburg, Priesterweihe 24. Juni 1952; Weihbischof in Augsburg, Bischofsweihe 25. März 1972, Bischof von Regensburg 1982-2002) für 114 Kinder (ABl. 1982, 163; 1983, 100) und am 6. Mai durch Weihbischof Guggenberger in Reinhausen für

18 Ab der Amtseinführung des neuen Bischofs Manfred Müller werden die Firmtermine bereits immer am Ende des Vorjahres im Amtsblatt abgedruckt.

56 Schüler des Werner-von-Siemens-Gymnasiums (ABl. 1982, 163; 1983, 103).

Zum 1. April 1984 wird Stadtpfarrer Lindner zum Dekan des Kapitels Regensburg-Stadt ernannt (ABl. 1984, 60). Lindner gehört erneut der Prüfungskommission zur Durchführung der Zweiten Dienstprüfung der Priester an (ABl. 1984, 122).

Im Jahr 1984 firmen in Reinhausen Weihbischof Flügel am 11. Mai 89 Kinder der üblichen Pfarreien (ABl. 1983, 141; 1984, 84) und Abt Thomas Niggl OSB aus Weltenburg bereits am 8. Mai 94 Schüler des Werner-von-Siemens-Gymnasiums (ABl. 1983, 140; 1984, 105).

Kaplan Schrader wird am 1. Sept. 1984 als Kaplan in Straubing-St. Peter angewiesen (ABl. 1984, 81; dort fälschlich Straubing-St. Jakob). Ab dem Wintersemester 1988 wird Kaplan Norbert Schrader für das Studium des Kirchenrechts in München freigestellt (ABl. 1988, 64); Schrader scheidet zum 1. Aug. 1991 aus dem Dienst der Diözese aus (ABl. 1991, 81).

Am 1. Sept. 1984 wird der Germaniker Josef Graf (* 30. Juni 1957 in Riedenburg; Priesterweihe 10. Okt. 1983 in Rom), der nach der Priesterweihe seine Lizentiatsstudien in Rom vollendet hatte, als Kaplan in Reinhausen angewiesen (ABl. 1984, 81).

Der am 3. Nov. 1984 geweihte Ständige Diakon Franz Lehner (* 9. Jan. 1945) erhält seine Dienststelle in der Pfarrei Reinhausen (ABl. 1984, 111).

1985 firmt Weihbischof Guggenberger am 4. Mai in Hl. Geist (oder Reinhausen?) 74 Kinder der üblichen Pfarreien (ABl. 1984, 129; 1985, 73) und am 7. Mai in Reinhausen 64 Schüler des Werner-von-Siemens-Gymnasiums (ABl. 1984, 129; 1985, 73).

Am 7. Mai 1986 firmt der neue Weihbischof Wilhelm Schraml (* 26. Juni 1935 in Erbendorf; Priesterweihe 29. Juni 1961; Bischofsweihe 8. März 1986) in Reinhausen 54 Schüler des Werner-von-Siemens-Gymnasiums (ABl. 1985, 112; 1986, 108), während Bischof Manfred am 10. Mai in Reinhausen 100 Kinder der üblichen beteiligten Pfarreien firmt (ABl. 1985, 112; 1986, 108).

Stadtdekan BGR Lindner gehört 1986 wiederum der Prüfungskommission zur Durchführung der Zweiten Dienstprüfung der Priester an (ABl. 1986, 116).

Am 1. Sept. 1986 wird Josef Graf zum Promotionsstudium in Rom freigestellt (ABl. 1986, 87); nach Beendigung wird Dr. Graf am 1. Okt. 1989 Spiritual am Priesterseminar Regensburg (ABl. 1989, 97). Am 1. Sept. 1986 kommt für ihn der bisherige Kaplan von Neunburg vorm Wald, Hans-Peter Greimel (* 25. Nov. 1956 in Regensburg; Priesterweihe 25. Juni 1983) als Kaplan nach Reinhausen (ABl. 1986, 86).

Bischof Dr. Hubert Bucher aus Bethlehem/Südafrika (* 21. Juni 1931 in Regensburg; Priesterweihe 29. Juni 1957; Bischofsweihe 27. März 1977) firmt am 15. Mai 1987 in Reinhausen 73 Schüler des Werner-von-Siemens-Gymnasiums (ABl. 1986, 125; 1987, 85), während Abt Virgil Kinzel († 15. Dez. 1999) am 23. Mai in Hl. Geist 87 Kinder aus den beteiligten Pfarreien firmt (ABl. 1986, 126; 1987, 85). Abt Thomas Niggl OSB aus Weltenburg firmt am 10. Mai 1988 in Reinhausen 75 Schüler des Werner-von-Siemens-Gymnasiums (ABl. 1987, 108; 1988, 144), Weihbischof Guggenberger ebenfalls in Reinhausen am 14. Mai 82 Kinder aus den Pfarreien (ABl. 1987, 108; 1988, 143).

Bei der Priesterweihe 1987 (ABl. 1987, 36) ist unter den Weihekandidaten Klaus Birnthaler (* 13. Febr. 1960 in Irrenlohe, Pf. Fronberg; Priesterweihe 27. Juni 1987) aus Regensburg-Reinhausen. Er wird Kaplan in Grafenwöhr, ab 1. Sept. 1990 in Schwandorf-St. Jakob, ist ab 1. Sept. 1991 Pfarradministrator und ab 13. Jan. 1992 Pfarrer in Engelbrechtsmünster sowie Benefiziumsprovisor für Unterpindhart und Pfarradministrator für Aiglsbach (hier von 13. Jan. 1992 bis 7. Dez. 2001 ebenfalls Pfarrer, seitdem wieder Administrator).

„Christkindlwiegen" 25. Dezember 1989.

Dekan Pfarrer Lindner gehört im Jahr 1988 der Wahlprüfungskommission für die Priesterratswahlen an (ABl. 1988, 139), auch ist er wieder Mitglied der Prüfungskommission zur Durchführung der Zweiten Dienstprüfung der Priester (ABl. 1988, 163). Der Schuldekan für Sonderschulen in Regensburg, Pfarrer Josef Mühlbauer, wird 1988 Bischöflich Geistlicher Rat (ABl. 1988, 119).

Die Firmung im Jahr 1989 spendet am 22. April in Hl. Geist Weihbischof Flügel an 69 Kinder der bekannten Pfarreien (ABl. 1988, 169; 1990, 30), und in Reinhausen am 3. Mai Abt Dr. Emmeram Kränkl aus Augsburg-St. Stephan (Abt seit 1987; resigniert 23. Mai 2006) an ca. 94 Schüler des Werner-von-Siemens-Gymnasiums (ABl. 1988, 169).

Zum 1. Sept. 1989 wird Kaplan Hans-Peter Greimel die Pfarrei Eilsbrunn übertragen (ABl. 1989, 68). So kommt am 1. Sept. 1989 der Neupriester Manfred Pollner (* 1. Juni 1964 in Ergolding; Priesterweihe 24. Juni 1989) als Kaplan nach Reinhausen (ABl. 1989, 74).

Im Jahr 1990 firmt der Bischof selbst in Reinhausen am 18. Mai 89 Schüler des Werner-von-Siemens-Gymnasiums (ABl. 1989, 125; 1990, 106), und am darauf folgenden 19. Mai Abt Wolfgang Hagl OSB aus Metten (* 1. Juni 1953 in Au/Hallertau; Profess 14. Sept. 1974; Priesterweihe 5. Juli 1980; Abtsbenediktion 21. Okt. 1989) 70 Kinder für die vier beteiligten Pfarreien (ABl. 1989, 125; 1990, 107).

1990 ist Dekan Lindner erneut Mitglied der Prüfungskommission zur Durchführung der Zweiten Dienstprüfung der Priester (ABl. 1990, 116).

Am 1. Jan. 1991 wird Manfred Pollner Präfekt im Priesterseminar Regensburg (ABl. 1990, 137); Reinhausen ist für ein paar Monate ohne Kaplan. Pollner wird zum 1. Juli 1992 freigestellt zum Dienst an der Universität Regensburg; zum 1. Juli 1996 wird er als Pfarrvikar in die Pfarrei Winzer angewiesen (ABl. 1996, 85) und mit Wirkung vom 1. Okt. 1999 vom Dienst in der Diözese beurlaubt (ABl. 1999, 87).

Die Firmungen des Jahres 1991 spenden am 8. Mai in Reinhausen Abt Johannes Zeschik OSB aus Rohr (* 10. März 1932 in Weseritz, Erzd. Prag; Profess 28. Okt. 1956; Priesterweihe 25. März 1960; Abtsbenediktion 11. Mai 1988) an 93 Schüler des Werner-von-Siemens-Gymnasiums (ABl. 1990, 125; 1991, 101) und am 11. Mai in Hl. Geist Weihbischof Schraml an 82 Kinder der Pfarreien (ABl. 1990, 125; 1991, 101).

Am 1. Sept. 1991 wird der Neupriester Josef Irlbacher (* 18. März 1965 in Nabburg; Priesterweihe 29. Juni 1991) als Kaplan in Reinhausen angewiesen (ABl. 1991, 81).

Im Jahr 1992 firmen in Reinhausen am 23. Mai Weihbischof Flügel 83 Kinder der Pfarreien (ABl. 1991, 117; 1992, 119) und Weihbischof Guggenberger am 20. Mai 103 Schüler des

Werner-von-Siemens-Gymnasiums (ABl. 1991, 117; 1992, 119).

1992 ist BGR Lindner wiederum Mitglied der Prüfungskommission zur Durchführung der Zweiten Dienstprüfung der Priester (ABl. 1992, 135).

Bei den Firmungen im Jahr 1993 werden am 8. Mai in Hl. Geist durch Abt Johannes Zeschik OSB aus Rohr 79 Kinder der Pfarreien gefirmt (ABl. 1992, 141; 1993, 74) und in Reinhausen am 10. Mai durch Bischof Manfred (vorgesehen war Weihbischof Flügel; seit 1. Nov. 1984 im Ruhestand; † 1. Juni 2004) 117 Schüler des Werner-von-Siemens-Gymnasiums (ABl. 1992, 141; 1993, 74).

1994 spendet in Reinhausen Apostol. Protonotar Friedrich Morgenschweis (* 13. Apr. 1920 in Sulzbach-Rosenberg; Priesterweihe 29. Juni 1949; Generalvikar 1972-1991; † 10. Juli 1998) am 7. Mai an 84 Kinder der Pfarreien und am 13. Mai an 103 Schüler des Werner-von-Siemens-Gymnasiums die Firmung (ABl. 1993, 113; 1994, 100). Ab Mitte 1994 berichtet das Amtsblatt nicht mehr über die vollzogenen Pontifikalfunktionen[19].

1994 ist Stadtpfarrer Lindner erneut Mitglied der Prüfungskommission zur Durchführung der Zweiten Dienstprüfung der Priester (ABl. 1994, 108).

Zum 1. Sept. 1994 wird Kaplan Josef Irlbacher Kaplan in Landshut-St. Nikola (ABl. 1994, 88); für ihn wird zum 1. Sept. 1994 der Neupriester Thomas Stummer (* 12. Dez. 1968 in Eggenfelden; Priesterweihe 2. Juli 1994) als Kaplan nach Reinhausen angewiesen (ABl. 1994, 88). Josef Irlbacher ist seit 1. Sept. 1996 Pfarrer von Irlbach/Opf.

Bei der Firmung 1995 firmt Weihbischof Guggenberger am 20. Mai in Hl. Geist ca. 80 Kinder der vier beteiligten Pfarreien und in Reinhausen am 22. Mai ca. 97 Schüler des Werner-von-Siemens-Gymnasiums (ABl. 1994, 130).

Unter den Weihekandidaten des Jahres 1995 (ABl. 1995, 72) ist aus Reinhausen Winfried Larisch (* 13. Jan. 1962 in Regensburg; Priesterweihe 1. Juli 1995). Larisch ist nach seiner Priesterweihe Kaplan in Nabburg, ab 1. Sept. 1997 in Dingolfing-St. Josef, ab 1 Sept. 1999 in Marktredwitz-St. Josef, übernimmt ab 1. Sept. 2000 die Pfarrei Leonberg bei Maxhütte-Haidhof und ist seit 1. Sept. 2003 Pfarrer in Sulzbach-Rosenberg-Herz Jesu.

Anlässlich des Wolfgangsfestes 1995 (Urkunde vom 20. Mai 1995) überreicht der Bischof BGR August Lindner die päpstliche Auszeichnung als Monsignore (ABl. 1995, 149).

Propst Helmut Grünke CRV (* 7. Febr. 1939 in Gelsenkirchen; Profess 14. Jan. 1967; Priesterweihe 24. Juni 1971; als Propst benediziert 29. Sept. 1993), Augustinerchorherr in

19 Die Angaben über die Zahl der Firmlinge entsprechen deshalb den von der Pfarrei angemeldeten Personen, nicht mehr den tatsächlich gefirmten Personen.

Paring, firmt am 9. Mai 1996 in Reinhausen ca. 150 Schüler des Werner-von-Siemens-Gymnasiums und der Albert-Schweitzer-Realschule, Abt Wolfgang Hagl OSB aus Metten am 11. Mai ca. 77 Kinder der vier Pfarreien (ABl. 1995, 137).

Auch 1996 ist Stadtpfarrer Lindner Mitglied der Prüfungskommission zur Durchführung der Zweiten Dienstprüfung der Priester (ABl. 1996, 100).

Bei der Firmung 1997 firmt der Bischof selbst am 28. April ca. 112 Schüler des Werner-von-Siemens-Gymnasiums und der Albert-Schweitzer-Realschule (ABl. 1996, 113), während Weihbischof Schraml am 10. Mai in Sallern (!) ca. 61 Kinder aus Sallern, Reinhausen und Schwabelweis firmt (ebd.), weil die 20 Firmlinge aus Hl. Geist am 14. Mai vom Bischof anlässlich des 25-jährigen Kirchweihjubiläums in Hl. Geist selbst gefirmt werden (ABl. 1996, 114).

Bischof Manfred übergibt die päpstliche Ernennungsurkunde.

In der Diözesanmatrikel 1997[20] sind unter Regensburg-Reinhausen die Pfarreien Hl. Geist (571-572) und St. Josef (574-576) verzeichnet[21]. Zur Geschichte der Pfarrei St. Josef berichtet die Matrikel, dass Reinhausen früher zur Pfarrei Sallern gehörte, zuletzt als exponierte Kooperatur. Mit Urkunde vom 18. Nov. 1913 errichtete Bischof Antonius die Pfarrei Reinhausen-St. Josef. Erster Pfarrer wurde der bisherige exponierte Kooperator Josef Wimmer. Das Besetzungsrecht wechselt zwischen Staat und Bischof. – 1937 wurden die Ortschaft Brandlberg und die neue Konradsiedlung (damals „Dr. Schottenheim-Siedlung“) von Schwabelweis nach

20 Matrikel des Bistums Regensburg, hsg. im Auftrag des Hochwürdigsten Herrn Diözesanbischofs Manfred Müller vom Bischöflichen Ordinariat Regensburg, Regensburg 1997.

21 Beachte hierzu Fußnote 1.

Reinhausen, durch Eingemeindung nach Regensburg am 1. April 1924 inzwischen Stadtpfarrei, umgepfarrt und der Filiale St. Konrad zugeteilt. Gleiches geschah 1939 mit Teilen der Pfarrei Regensburg-Sallern und auch der Ortschaft Wutzlhofen. Der Seelsorgsbezirk St. Konrad, seit 1936 exponierte Kooperatur, wurde 1940 zur Pfarrkuratie erhoben und schied damit aus der Pfarrei Reinhausen-St. Josef aus. Zum 1. Jan. 1970 erfolgte die Erhebung des Seelsorgsbezirks Hl. Geist an der Isarstraße zur Expositur; 1971 wurde sie zur Pfarrei umgewandelt.
Das Pfarrarchiv (ab 1913) in der Pfarrei umfasst ca. 20 m, die seit 1913 geführten Pfarrmatrikelbücher befinden sich im Matrikelamt Regensburg. Die seit 1924 ganz zur kreisfreien Stadt Regensburg gehörige Pfarrei zählte 1997 6004 Katholiken und ca. 300 Nichtkatholiken, wobei sich die Katholiken mit ca. 4200 auf den Stadtteil Reinhausen und mit ca. 1800 auf den Stadtteil Weichs, 1,5 km von der Pfarrkirche entfernt, verteilen. Die 1906 bis 1912 erbaute Pfarrkirche St. Joseph – Eigentum und Baulast bei der Kirchenstiftung – wurde am 11. Aug. 1912 konsekriert; sie hat ca. 1000 Sitzplätze, 6 Altäre, davon seit dem II. Vatikanum ein Volksaltar; die Orgel stammt aus dem Jahr 1994, im Turm hängen fünf Glocken. An Nebenkirchen sind vorhanden die Kirche St. Nikolaus mit Tauf-, Trau- u. Sepulturrecht, eine romanische Anlage, die um 1400 umgebaut und 1754 umgebaut und erweitert wurde; sie befindet sich im Eigentum der Pfarrkirchenstiftung, die auch die Baulast trägt. Sie hat 100 Sitzplätze, drei Altäre, eine Orgel aus dem 17. Jahrhundert, zwei Glocken. In Weichs befindet sich eine 1954/55 errichtete und der Gottesmutter geweihte Nebenkirche – Eigentum und Baulast bei der Pfarr-

Glockenweihe Frühjahr 1955 in Weichs.

kirchenstiftung – mit Tauf-, Trau- u. Sepulturrecht; sie hat 120 Sitzplätze, einen Altar, zwei Glocken. Ferner ist im St. Anna-Heim eine der Hl. Anna geweihte, 1971 erbaute Kapelle (ebenfalls Eigentum und Baulast bei der Pfarrkirchenstiftung). An religiösen Denkmälern sind in der Pfarrei vorhanden ein 1909 errichtetes Missionskreuz (Eigentum und Baulast Kirchenstiftung), eine Lourdesgrotte beim St. Anna- Haus (Eigentum und Baulast Kirchenstiftung) und eine Johannes von Nepomuk-Statue an der Ostseite der Regenbrücke (Eigentum und Baulast Gemeinde). Der ca. 13500 qm große Friedhof mit ca. 1300 Grabplätzen ist im Eigentum der Kirchenstiftung, die Baulast und Verwaltung liegt bei der Gemeinde, die auch Eigentümerin des Leichenhauses ist. Das 1913 erbaute Pfarrhaus (Eigentum Pfründestiftung; Baulast Kirchenstiftung) hat 12 Zimmer, davon drei Diensträume, sowie einen Garten mit ca. 700 qm. Sonstige kirchliche Gebäude (alle Eigentum und Baulast Kirchenstiftung): Pfarrheim/Jugendheim, erbaut 1933 und umgebaut 1971, mit einer Nutzfläche von ca. 300 qm; folgende sieben Wohnhäuser: a) Falkensteinstr. 3, erbaut 1937, Nutzfläche 182 qm; b) Holzgarten-Str. 67, erbaut 1936, Nutzfläche ca. 240 qm; c) Obere Regen-Str. 25, erbaut 1890 als Schulhaus, umgebaut 1967, Nutzfläche 303 qm; d) Schelchshorn-Str. 4, erbaut 1906, Nutzfläche ca. 80 qm; e) Wieshuber-Str. 7, erbaut 1911, Nutzfläche 191 qm; f) Wieshuber-Str. 7a, erbaut 1911, Nutzfläche ca. 150 qm; g) Wieshuber-Str. 9, erbaut 1911, Nutzfläche ca. 150 qm. Der von Anfang an bescheidene Grundbesitz beträgt 0,3420 ha für die Kirchenstiftung und ca. 0,07 ha für die Pfründestiftung. An Schulen besteht noch die Grundschule Reinhausen mit 5 Klassen und 13 Religionsstunden. An klösterlichen Niederlassungen sind seit 1884 die Armen Franziskanerinnen (Mallersdorfer Schwestern) präsent, die den Kindergarten betreuen. Folgende caritative Einrichtungen sind vorhanden: Ambulante Krankenpflegestation, gegründet 1926 und geführt bis 1967, dann 1980 neu gegründet (Träger Kirchenstiftung); das St. Anna-Heim, seit 1986 ein Internat für körperbehinderte Kinder und Jugendliche, gegründet 1884 als Kinderheim (Träger Kirchenstiftung und Kath. Jugendfürsorge); der 1991 gegründete Kinderhort mit 25 Plätzen, ferner der 1892 gegründete Kindergarten St. Nikolaus mit 75 Plätzen und der 1955 gegründete Kindergarten St. Maria Weichs mit 25 Plätzen (Träger jeweils die Kirchenstiftung). An kirchlichen Vereinigungen, die auch kirchliche Bildungsarbeit in der Pfarrei leisten, existieren die 1911 gegründete KAB Reinhausen-Weichs mit 1997 84 Mitgliedern, die 1913 gegründete Kolpingfamilie Reinhausen-Weichs mit heute 135 Mitgliedern, der 1917 gegründete KDFB Reinhausen-Weichs mit ca. 300 Mitgliedern, die 1945 gegründete KJG Reinhausen-Weichs mit 80 Mitgliedern, schließlich die 1946 gegründete MMC Reinhausen-Weichs mit ca. 18 Mitgliedern. Unter Elementen der außerordentlichen Seelsorge erwähnt die Matrikel 1997 die Bittgänge, die am 1. Bitttag nach Weichs und am 2. Bitttag nach Sallern führen, ferner die Pfarrwallfahrt und die Sonderseelsorge im Altenheim der Arbeiterwohlfahrt in der Brennesstraße; letzte Volksmission war 1978.

Die Firmung im Jahre 1998 hält am 4. Mai in Reinhausen Weihbischof Guggenberger für ca. 85 Schüler des Werner-von-Siemens-Gymnasiums und am 9. Mai ebenfalls in Reinhausen für ca. 98 Kinder aus den vier Pfarreien Abt Thomas Handgrätinger OPraem (* 4. März 1943 in Ulm; Profess 8. Sept. 1965; Priesterweihe 29. Juni 1969; Abtsbenediktion 21. Mai 1994; derzeit Generalabt in Rom) aus Windberg (ABl. 1997, 129).

Im Frühjahr 1998 wird die Resignation von Pfarrer Msgr. August Lindner auf die Pfarrei St. Josef in Reinhausen zum 1. Sept. 1998 oberhirtlich genehmigt (ABl. 1998, 37). Die Pfarrei wird wie folgt ausgeschrieben: „Regensburg-St. Josef, Reinhausen (5.871 K.) im Dekanat Regensburg-Stadt. Kirchliche Mitarbeiter: ein Kaplan, ein Ständiger Diakon mit Zivilberuf, ein Gemeindereferent, zwei hauptamtliche Sekretärinnen, ein hauptamtlicher Mesner, ein hauptamtlicher Chorleiter[22]. Drei Ruhestandsgeistliche leben in der Pfarrei. Folgende Einrichtungen befinden sich im Pfarrgebiet: zwei Kindergärten [St. Nikolaus und St. Maria/Weichs], ein Kinderhort, eine Ambulante Krankenpflege, das Kinderzentrum St. Martin der KJF“. Bewerbungen waren bis 22. Apr. 1998 abzugeben (ABl. 1998, 43).

Erste Heilig Kommunion am 22. März 1998.

22 Gemeindereferent ist damals die Gemeindeassistentin Bernadette Mitko, Pfarrsekretärinnen sind Notburga Bauernfeind und Ingrid Bergmüller, Mesner Corneliu Palade und Chordirektor Thomas Löffelmann.

60-jähriges Priesterjubiläum am 17. Mai 1998 Dr. Josef Hanauer.

Abschied Msgr. August Lindner mit Kaplan Thomas Stummer und Diakon Franz Lehner und den Ministranten.

Msgr. August Lindner wird Hausgeistlicher im St. Katharinenspital in Stadtamhof; er nimmt weiterhin bis 2002 die Aufgaben eines Mitglieds der Prüfungskommission zur Durchführung der Zweiten Dienstprüfung der Priester wahr (ABl. 1998, 113; zuletzt ABl. 2002, 124). Mit Wirkung vom 16. Dez. 1998 wird Msgr. Lindner vom Amt des Geistlichen Beirats der Regensburger Diözesan-Fußwallfahrt nach Altötting entbunden (ABl. 1999, 15), mit Wirkung vom 1. Juni 1999, von der Apostol. Signatur ab 1. Jan. 2001 bestätigt, wird er Diözesanrichter im Bistum (ABl. 1999, 71 und 2001, 32).

Stadtpfarrer Johannes Fröhler (seit 1998)

Mit Wirkung vom 1. Sept. 1998 verleiht der Bischof die Pfarrei an Johannes Fröhler (* 23. Apr. 1942 in Regensburg; Priesterweihe 1. Juli 1972), Direktor des Studienseminars St. Emmeram (ABl. 1998, 62). Fröhler war nach seiner Priesterweihe – damals wurde neben Fröhler aus der Pfarrei Regensburg-St. Konrad auch Konrad Friedrich geweiht (ABl. 1972, 40) – Kaplan in Wolnzach (1972-1976), wurde ab 1. Sept. 1976 Präfekt im Bischöflichen Priesterseminar und am 1. Apr. 1980 Direktor am Studienseminar St. Emmeram. Seit 1988 ist Stadtpfarrer Fröhler Prodekan und seit 2006 BGR. Nachdem er vom 1. Jan. bis 31. Aug. 1989 als kommissarischer Direktor von Westmünster fungierte, wurde er am 1. Sept. 1989 Direktor des Bischöflichen Studienseminars Westmünster, blieb aber zugleich Stiftungsdirektor für das Studienseminar St. Emmeram, dessen Direktor er ab 1. Sept. 1991 wieder wurde. Fröhler war vom 1. Sept. 1986 bis 1. Sept. 1995 auch Pfarrvikar für Scheuer und vom 3. Dez. 1990 bis Juli 1998 Vorsitzender der Bayerischen Seminardirektorenkonferenz.

Zum 1. Sept. 1998 wird Bernadette Mitko als Gemeindeassistentin in Reinhausen angewiesen (ABl. 1998, 79). Am 17. Nov. 1998 bestätigt der Bischof die Wahl Pfr. Fröhlers zum Prodekan des Dekanates Regensburg-Stadt (ABl. 1998, 115).

Im Jahr 1999 ist am 7. Mai Firmung durch Weihbischof Schraml (seit Dezember 2002 Bischof von Passau) für 60 Schüler des Werner-von-Siemens-Gymnasiums.

Begrüßung Stadtpfarrer Johannes Fröhler am 20. September 1998 in seiner neuen Pfarrei.

Tags darauf werden von ihm in Hl. Geist insgesamt 83 Kinder, darunter die der Pfarrei Reinhausen, gefirmt (ABl. 1998, 124).

Als Kaplan Thomas Stummer zum 1. Sept. 1999 Kaplan in Amberg-Hl. Dreifaltigkeit wird, wird nach Reinhausen der Neupriester Hermann Josef Eckl (* 23. Apr. 1966 in Straubing; Priesterweihe 26. Juni 1999) als Kaplan angewiesen (ABl. 1999, 70). Stummer ist seit 1. Sept. 2000 Pfarrer in Geisenfeld und für Ainau.

Am 27. Sept. 1999 verstirbt Pfarrer BGR Josef Mühlbauer, Sonderschuldekan i.R. in Regensburg-St. Josef, Reinhausen, 73 Jahre alt (ABl. 1999, 103).

Am 3. Mai 2000 firmt Domdekan em. Edmund Stauffer (* 9. Aug. 1924 in Neusorg; Priesterweihe 29. Juni 1950; Domkapitular 1967 bzw. 1972-1990, dann Domdekan bis 1. Febr. 1995, seither Kommorant in Regensburg-St. Emmeram) in Reinhausen 75 Kinder des Werner-von-Siemens-Gymnasiums (ABl. 1999, 110). Die 95 Reinhausener Kinder und aus den weiteren üblichen Pfarreien werden in Reinhausen durch Weihbischof Guggenberger am 13. Mai 2000 gefirmt (ABl. 1999, 111).

Zum 1. Sept. 2000 wird Gemeindereferentin Bernadette Mitko nach Pettendorf angewiesen (ABl. 2000, 95). Für sie kommt Pastoralreferent Jürgen Willkofer, bisher Kath. Bildungswerk Regensburg-Land, nach Reinhausen (ABl. 2000, 95). Seit 2000 lebt Pfr. i. R. Friedrich Mecke (* 25. März 1956 in Marktredwitz; Priesterweihe 26. Juni 1982) in Reinhausen. Mecke war ein Jahr Kaplan in Riedenburg, dann vom 1. Sept. 1983 bis 30. April 1989 Kaplan in Wiesau. Ab 1. Mai 1989 wurde er Militärgeistlicher in Nienburg/Weser, erhielt am 24. Nov. 1989 den Titel eines Militärpfarrers. Als solcher kam er ab 1. Jan. 1991 nach Passau, ab 1. Sept. 1993 nach Amberg. Am 1. Sept. 1997 wurde er Pfarradministrator der Pfarrei Straubing-St. Peter, resignierte am 1. Sept. 1999 und nahm Wohnung zunächst in Regensburg-St. Emmeram. Seit 1. Mai 2004 leistet Pfr. Mecke Mitarbeit im Bischöflichen Seelsorgeamt.

Von der zum 1. Jan. 2001 in Kraft gesetzten Neugliederung der Dekanate im Bistum Regensburg war die Pfarrei St. Josef-Reinhausen nicht betroffen (ABl. 2000, 112; 2001, 112). Das Dekanat Regensburg-Stadt heißt nunmehr einfach Dekanat Regensburg, weil das Dekanat Regensburg-Land aufgelöst wurde (ABl. 2001, 112).

Im Jahr 2001 firmt Bischof Manfred Müller am 7. Mai in St. Josef 83 Kinder des Werner-von-Siemens-Gymnasiums (ABl. 2000, 138); ansonsten sind 2001 keine Firmungen für die Regensburger Stadtpfarreien vorgesehen.

Im Jahr 2002 ist am 20. April Firmung in Hl. Geist durch Weihbischof Guggenberger für 80 Firmlinge, darunter auch die aus Reinhausen (ABl. 2001, 231). Abt Johannes Zeschik OSB aus Rohr firmt am 30. April 2002 112 Schüler des Werner-von-Siemens-Gymnasiums (ABl. 2001, 232).

Als Kaplan Hermann Josef Eckl am 1. Sept. 2002 zum Studium freigestellt wird und die Anweisung als nebenamtlicher Pfarrvikar in Kürn und für Bernhardswald und Pettenreuth erhält, kommt zum selben Datum der Neupriester Georg Schwägerl (* 2. Juni 1975 in Weiden; Priesterweihe 29. Juni 2002) als Kaplan nach Reinhausen (ABl. 2002, 91). Eckl wird ab 3. Dez. 2002 auch zum Geistlichen Leiter des KJG-Diözesanverbandes Regensburg ernannt (ABl. 2002, 145).

Am 2. März 2003 verstirbt StDir. a.D. Dr. jur.can. Friedrich Mühlbauer in St. Josef-Reinhausen, 73 Jahre alt (ABl. 2003, 38).

Am 30. April 2003 ist in Reinhausen Firmung durch Weihbischof Guggenberger für 123 Schüler des Werner-von-Siemens-Gymnasiums (ABl. 2002, 155). Und am 24. Mai firmt Bischof em. Manfred Müller in St. Josef 89 Kinder der Pfarrei und von Sallern, Schwabelweis und Hl. Geist (ABl. 2002, 156).

Als BGR Josef Schönberger (* 8. Dez. 1934 in Windischeschenbach; Priesterweihe 29. Juni 1960) am 1. Sept. 2003 als Pfarrer von Regensburg-Herz Jesu (seit 1978)

Pfarrer Dr. Friedrich Mühlbauer feiert am 13. Mai 1999 den 70. Geburtstag mit (v.l.n.r.) Dr. Hanauer, Stiftsdekan Schöner, Msgr. Lindner, der Jubilar, Pfarrer Josef Mühlbauer, Stadtpfarrer Fröhler, Diakon Lehner.

Bischof Gerhard Ludwig besucht am 6. April 2003 die Pfarrgemeinde St. Josef.

resigniert, nimmt er Wohnung in der Pfarrei Reinhausen. Am 3. Dez. 2003 verstirbt im St.-Katharinen-Spital der Reinhausener Ruhestandspriester StDir. a.D. Dr. theol. Josef Hanauer, 90 Jahre alt (ABl. 2003, 172).[23] Er wurde in seiner Heimatgemeinde Eslarn beerdigt.

Am 28. Apr. 2004 firmt Bischof Gerhard Ludwig Müller (* 31. Dez. 1947 in Mainz-Finthen; Priesterweihe 11. Febr. 1978 Mainz; Bischof von Regensburg 1. Okt. 2002; Bischofsweihe 24. Nov. 2002) in St. Josef 90 Schüler des Werner-von-Siemens-Gymnasiums (ABl. 2003, 176). Die Reinhausener Kinder selbst haben am 8. Mai Firmung in Hl. Geist durch Abt Gregor Zippel OSB (* 24. Nov. 1939 in Ratibor; Profess 13. Okt. 1963; Priesterweihe 1. Sept. 1968; zum 4. bzw. 62. Abt von Braunau in Rohr gewählt 15. März 2002; Abtsbenediktion 2. Juni 2002) aus Rohr; es werden 62 Kinder gefirmt (ABl. 2003, 177).

Seit 9. Okt. 2004 wohnt Dr.iur.can. Peter Schipka (* 29. Dez. 1970 in Wien; Priesterweihe 29. Juni 2002 für Erzd. Wien) als Doktorand in der Pfarrei St. Josef.

Am 23. Apr. 2005 firmte Generalpropst Helmut Grünke aus Paring in Reinhausen 68 Kinder aus der Pfarrei und aus Hl. Geist, Sallern und Schwabelweis (ABl. 2004, 153). Zum 1. Sept. 2005 wird Kaplan Georg Schwägerl als Kaplan nach Furth im Wald angewiesen (ABl. 2005, 104). Seit dem 1. Sept. 2005 ist Eugen Thumann (* 18. Nov. 1975 in Parsberg; Priesterweihe 28. Juni 2003), zuvor Kaplan in Oberviechtach und zuständig auch für Pullenried und Wildeppenried, Kaplan in Reinhausen (ABl. 2005, 104). Zum Christkönigsfest 2005 wurde Pfarrer Johann Fröhler mit dem Titel eines Bischöflich Geistlichen Rates ausgezeichnet (ABl. 2005, 170).

Im Jahr 2006 wurden die Reinhausener Kinder am 20. Mai zusammen mit jenen aus Hl. Geist, Sallern und Schwabelweis – insgesamt 75 Kinder – durch Weihbischof em. Vinzenz Guggenberger in Hl. Geist gefirmt (ABl. 2005, 185). Die Firmung im Jahr 2007 ist für den 12. Mai für 69 Kinder geplant (ABl. 2006, 183); es kommt Abt Thomas Freihart OSB von Weltenburg (* 24. April 1960, Profess. 20. September 1981, Prieserweihe 27. September 1986, Abtswahl 25. Juni 1998, Benediktion 19. September 1998).

---

23 Der Verfasser hatte als Seminarist von Ober- bzw. Westmünster in den Jahren 1965-1974 Dr. Hanauer mehrere Jahre als Religionslehrer am Albertus-Magnus-Gymnasium und widmet ihm hiermit ein Gedenken.

Kirche unterwegs: Fronleichnam 2006.

Neue Meßdiener werden feierlich eingeführt 2006.

Die Expositi, Pfarrer, Kooperatoren, Kapläne und Religionslehrer der Pfarrei (Regensburg-)Reinhausen-St. Josef

Wieshuber Michael	**03.05.1899 – 14.05.1913**	**(Pfarrer von Sallern)**
Richtmann Anton	03.05.1899 – 30.04.1900	(Expositus in Reinhausen)
Wagner Jakob	30.04.1900 – 23.07.1902	(Expositus)
Beck Rupert	01.08.1902 – 21.09.1905	(Expositus)
Kärntner Joseph	28.09.1905 – 30.09.1910	(Expositus)
Wimmer Joseph	13.10.1910 – 03.02.1914	(Expositus; dann Pfarrer)
Wild Alois	19.02.1913 – 03.07.1916	(Koop. in Reinhausen)
Wimmer Joseph	**04.02.1914 – 31.12.1938**	**(1. Pfarrer von Reinhausen)**
Wild Alois	19.02.1913 – 03.07.1916	
Weber Joh. Chr.	03.07.1916 – 28.09.1920	
Hilburger Karl	21.04.1920 – 31.10.1922	Religionslehrer
Birkenseer August	28.09.1920 – 30.11.1925	
Brumbach Josef	01.11.1922 – 31.05.1932	Religionslehrer
Wensauer Gottfried	30.11.1925 – 30.08.1926	
Kellner Andreas	30.08.1926 – 31.07.1930	
Treiber Matthias	01.08.1930 – 31.10.1931	
Huber Georg	01.03.1932 – 31.07.1932	Aushilfe
Stangl Johann B.	01.08.1932 – 31.08.1937	Religionslehrer
Gillitzer Otto	01.11.1931 – 31.07.1933	
Thiesen Friedrich	01.08.1933 – 31.03.1936	
Salat Alfred	01.08.1934 – 28.02.1936	(II.Koop., dann Exp.)
Meier Adolf	01.04.1936 – 31.08.1937	
Kröner Paul	16.05.1936 – ??.??.1938	(III.Koop.)
Meier Adolf	01.09.1937 – 30.06.1945	Religionslehrer (im Krieg 1939-1945)
Schießl Michael	01.09.1937 – 31.03.1939	
Leibl Karl	01.04.1938 – 22.04.1941	
Schön Josef	**28.02.1939 – 31.10.1952**	
Meier Adolf	01.09.1937 – 30.06.1945	
Schießl Michael	01.09.1937 – 31.03.1939	
Leibl Karl	01.04.1938 – 22.04.1941	
Steinbauer Anton	01.05.1939 – 11.02.1940	(im Krieg 1940-47)
Pirzer Georg	16.03.1940 – 31.08.1940	(im Krieg 1942-45)
[Grötzinger Georg	15.04.1941 – 03.05.1941]	
Pirzer Georg	01.08.1945 – 31.08.1946	
Königbauer Andreas	15.10.1946 – 31.03.1948	
Steinbauer Anton	01.04.1947 – 30.09.1949	(Religionslehrer)
Pecher Rudolf	01.05.1948 – ??.??.1952	(Hilfspriester)
Zangl Georg	16.08.1948 – 31.10.1953	(Provisor Dez. 1952)
Ederer Alois	15.03.1950 – 31.08.1953	(Religionslehrer)
Reindl Gunthar	01.10.1952 – 31.08.1953	(Hilfspriester)

Lehner Martin	**01.01.1953 – 31.03.1960**	
Zangl Georg	16.08.1948 – 31.10.1953	
Ederer Alois	15.03.1950 – 31.08.1953	
Reindl Gunthar	01.10.1952 – 31.08.1953	
Haslbeck Franz	01.10.1953 – 15.02.1960	(Religionslehrer)
Bösl Georg	01.11.1953 – 31.08.1959	
Meiler Willibald	01.08.1959 – 30.09.1963	
Mühlbauer Josef	01.09.1959 – 31.08.1963	(Koop.)
Müller Heinrich	16.02.1960 – 31.08.1963	(Religionslehrer)
Haderer Johann Evang.	**01.05.1960 – 31.03.1975**	
Meiler Willibald	01.08.1959 – 30.09.1963	
Mühlbauer Josef	01.09.1959 – 31.08.1963	
Müller Heinrich	16.02.1960 – 31.08.1963	
P. Dr. Mühlbauer Friedrich	01.02.1963 – 31.08.1966	
Mühlbauer Josef	01.09.1963 – 31.10.1974	(Religionslehrer)
Heidingsfelder Karl	01.01.1964 – 31.08.1969	(dann Expositus/Kurat Hl.
Geist)		
Huber Helmut	01.09.1966 – 31.08.1972	
Fenzl Peter	01.09.1972 – Juli 1976	
Schießl Michael	01.04.1975 – 31.07.1975	(Pfarrprovisor)
Lindner August	**01.08.1975 – 31.08.1998**	
Fenzl Peter	01.09.1972 – Juli 1976	
Triebenbacher Josef	01.09.1976 – 31.08.1979	
Killermann Michael	01.09.1979 – 31.08.1982	
Schrader Norbert	01.09.1982 – 31.08.1984	
Graf Josef	01.09.1984 – 31.08.1986	
Greimel Hans-Peter	01.09.1986 – 31.08.1989	
Pollner Manfred	01.09.1989 – 31.08.1991	
Irlbacher Josef	01.09.1991 – 31.08.1994	
Stummer Thomas	01.09.1994 – 31.08.1999	
Fröhler Johannes	**01.09.1998 – ad multos annos**	
Stummer Thomas	01.09.1994 – 31.08.1999	
Eckl Hermann Josef	01.09.1999 – 31.08.2002	
Schwägerl Georg	01.09.2002 – 31.08.2005	
Thumann Eugen	01.09.2005 –	

Die Pfarrherren mit Kaplänen ab 1939

Schön Josef *1.4.1939 - 30.11.1952*

Leibl Karl
1938-41

Steinbauer Anton
1939-49

Pirzer Georg
1940 / 1941-46

Kellner Josef
1940-51

Weiß Franz
1941-43

Rosner Fritz
1943-45

Baumgärtl E.
1945-47

Königsbauer A.
1946-48

Pecher Rudolf
1948-52

Zangl Georg
1948-53

Ederer Alois
1950-53

Reindl Günther
1952-53

Lehner Martin *1.1.1953 - 1.4.1960*

Reindl Günther
1952-53

Bösl Georg
1953-59

Haslbeck Franz
1953-60

Lindner Matthias
1954-72

Weidl Georg
1956-60

Dr. Hanauer Josef
1955-2003

Dr. Meiler W.
1959-63

Mühlbauer Josef
1959-99

Haderer Johann *1.5.1960 - 1975*

Mühlbauer Josef
1959-99

Müller Heinrich
1960-63

Dr. Mühlbauer F.
1963-66

Heidingsfelder K.
1964-69

Huber Helmut
1966-72

Fenzl Peter
1972-76

Fenzl Peter
1972-76

Lindner August *1.8.1975 - 1998*

Triebenbacher J.
1976-79

Killermann M.
1979-82

Schrader Norbert
1982-84

Graf Josef
1984-86

Greiml H.-P.
1986-89

Pollner Manfred
1989-91

Irlbacher Josef
1991-94

Stummer Thomas
1994-99

Fröhler Johannes *ab 1.9.1998*

Stummer Thomas
1994-99

Eckl H. J.
1999-2002

Schwägerl Georg
2002-2005

Thumann Eugen
ab 2005

Die Primizianten von St. Josef Reinhausen - mit Weihejahr

Betthausen Friedr.
1914

Dietz Georg
1917

P. Alexius Brandl
1925

Winter Josef
1929

Schandri Michael
1930

Georgi Wilhelm
1939

Schmid Max
1948

Schindlbeck Josef
1953

Schindlbeck Joh.
1958

Glatzel Norbert
1963

Strunz Johann
1968

Poitsch Nikolaus
1970

Birnthaler Klaus
1987

Larisch Winfried
1995

Diakon
Lehner Franz
1984

Alfred Hofmaier

Kerzen sind Zeichen des Lebens

Gedanken zur Übergabe der
„St.-Josef-Kerze Roahausen"
Kirchweihsonntag, 15. Oktober 2006

Seit Menschengedenken sind Kerzen Zeichen des Lebens, der Liebe, des Lichtes. Zu vielen Anlässen und Gelegenheiten schenkt man sich deshalb eine Kerze. Heute tut dies aus Anlass der 100-Jahr-Feier der Grundsteinlegung der prächtigen Pfarrkirche St. Josef Reinhausen der neue Bürgerverein „Roahausen", der zusammen mit allen Bürgerinnen und Bürgern von Reinhausen - Sallern - Weichs die Festlichkeiten „1000 Jahre Geschichte am Regen" gestalten will. Dabei hoffen wir besonders auf die Mitarbeit der kirchlichen und weltlichen Vereine, die bereits im Gange ist. Aber auch alle anderen geschichts- und heimatbewussten Mitbürger sind zur Mitarbeit herzlich eingeladen.

Übergabe der Kerze v.l.n.r. Albert Galli, Alois Wagner, Stadtpfarrer Johannes Fröhler, Markus Baer (Fa. Kerzen Elsässer), Alfred Hofmaier, Konrad Frenzl und Hans Würdinger.

Heute übergeben wir die „St.-Josef-Kerze". Sie soll uns ab heute durch das Jubiläum begleiten. Schon bei der Taufe erhalten wir die Taufkerze. Bei vielen Geburtstagsfeiern gibt es die Geburtstagskerzen, und stolz tragen die Kinder die Kommunionkerze, wenn sie zum ersten Male zum Tisch des Herrn gehen. Die Eheleute schenken sich das Sakrament der Ehe in Begleitung der Hochzeitskerze. Schließlich ist es die Osterkerze, die in der Osternacht geweiht wird und an den Sieg Jesu über den Tod erinnert.

Immer ist es also die Kerze, die besondere Lebensabschnitte und Ereignisse mitprägt. Unsere „Roahauserer Kerze" heute, die vom Bürgerverein übergeben wird, sie wurde uns großzügig gespendet von der Firma Elsässer - Vergelt's Gott, ist ebenfalls so eine Wegbegleitung. Sie erinnert an „100 Jahre Pfarrkirche St. Josef" und an 1000 Jahre erste Erwähnung von Reinhausen in der Urkunde von Kaiser Heinrich dem Heiligen im Jahre 1007 nach Christus.

Möge die Kerze „St. Josef" dazu beitragen, dass Licht, Liebe und Leben in unserer kirchlichen und weltlichen Gemeinde Reinhausen zu Hause sind. Gott segne unsere Heimat Reinhausen und alle Menschen, die hier in Frieden und Freiheit leben.

Alois Wagner, Kirchenpfleger

Das neue Pfarrheim St. Josef Reinhausen

Das Pfarrheim ist eine Begegnungsstätte für alt und jung. Für die aktiven Gruppierungen und Verbände der Pfarrei ist es eine gute Heimat. Seine Entstehung geht auf das Jahr 1883 zurück, als erste Schritte für ein Kinderheim unternommen wurden. Das Gebäude, das nach den Plänen des Kirchenarchitekten Heinrich Hauberrisser erstellt wurde, konnte am 1. September 1909 eröffnet werden.

1933 wurde der Bau erweitert. Schlafsäle und Tagesräume wurden neu gestaltet und ein Theatersaal eingebaut, der auch den katholischen Vereinen bei ihren Veranstaltungen dienlich war. Das Pfarrheim als „Katholisches Vereinshaus Reinhausen" war damit entstanden. Die letzte große Umbau- und Sanierungsmaßnahme erfolgte 1970. Die baulichen Maßnahmen erstreckten sich hauptsächlich auf den Gruppentrakt.

Das Pfarrheim war im Jahr 2000 stark sanierungsbedürftig. Deshalb entschloss sich die Kirchenverwaltung am 1. Oktober 2001 nach reiflichen Überlegungen für einen Neubau.

Es wurde ein Architekten-Wettbewerb ausgelobt. Am 8. Mai 2003 wurden die Preisträger ermittelt. Den ersten Preis bekam das Architektenteam Giersdorfer/Miczka/Köstlbacher mit den Landschaftsarchitektenteam Wamsler/Rohloff/Wirzmüller aus Regensburg.

Mit diesem Neubau wurden durch einen Anbau zum Anna-Haus, mit einem zusätzlichen Treppenhaus als Fluchtweg, auch die bau- und brandschutzrechtlichen Auflagen erfüllt. Der Einbau eines behindertengerechten Aufzuges in diesen Anbau ermöglichte erst eine optimale Betriebsabwicklung für das Sozialpädiatrische Zentrum St. Martin Regensburg. In einem Teil des Obergeschosses des Pfarrheims wurde die Ambulante Krankenpflege St. Josef Reinhausen untergebracht.

Die Finanzierung des Projektes erfolgte durch Zuschüsse der Bischöflichen Finanzkammer, Rücklagen der Kirchenstiftung und durch zahlreiche Spenden. Dazu wurde am 17. Januar 2005 der Förderverein „Neubau Pfarrheim St. Josef Reinhausen" gegründet.

Im November 2004 begann der Abriss des alten Pfarrheims. Im März 2005 war Baubeginn, am 15. Mai 2005 die Grundsteinlegung und bereits am 17. September 2005 das Richtfest. Die Einweihungsfeier, mit Finanzdirektor, Domkapitular

Robert Hüttner, fand am 13. Mai 2006 statt. Die Außenanlagen werden im Frühjahr 2007 fertiggestellt, sobald die Turmsanierung beendet ist.

Kenndaten der Baumaßnahme:

- *Pfarrheim 412,98 m², Sozialstation 263,40 m², Treppenhaus 104,00 m², gesamt 781,37 m².*
- *BGF (Bruttogeschoßfläche) gesamt ca. 1.133 m², BRI Bruttorauminhalt gesamt ca. 4.956 m³.*
- *Pfarrsaal 1 mit 74,57 m², Pfarrsaal 2 mit 44,46 m², Pfarrsaal 3 mit 58,12 m²,*
- *Pfarrsaal 1,2 und 3 gesamt mit 177,15 m²,*
- *Küche mit 16,25 m², Foyer mit 65,10 m²,*
- *Gruppenraum mit 68,78 m², Jugendraum mit 36,57 m², Sonstige Räume mit 49,13 m².*
- *Personenaufzug: 21 Personen, 1600 kg, geeignet für große Behindertenrollstühle.*

November 2004: Abrissarbeiten beginnen.

15. Mai 2005: Grundsteinlegung durch Stadtpfarrer Johannes Fröhler und Kirchenpfleger Alois Wagner.

Pfarrheim im Mai 2006.